Valérie Buisine

LE MOINE ET LE PSYCHIATRE

DES MÊMES AUTEURS

Amédée Hallier

Un éducateur monastique, Aelred de Rievaulx, Gabalda, Paris, 1959 (épuisé ; traduit en anglais et en espagnol).

Dominique Megglé

Les thérapies brèves, Retz, Paris, 1990.
Être heureux en famille, Droguet et Ardant, Paris, 1993.
Milton H. Erickson : la vie, les idées et les applications en France, Retz, Paris, à paraître 1995.

Père Amédée Hallier
Dr Dominique Megglé

LE MOINE ET LE PSYCHIATRE

Entretiens sur le bonheur

BAYARD ÉDITIONS

Cet ouvrage a été réalisé
sous la direction éditoriale d'Alain Noël

5e édition

ISBN 2.227.304.09.3

3, rue Bayard, 75008 Paris

Pour Colette, ma mère (1928 – 1995),
Jacques, mon père (1922-1995)
et ceux qui les ont soignés.

D. M.

AVERTISSEMENT

Ce livre n'étant pas un ouvrage d'érudition, mais un dialogue qui tente de rejoindre l'aventure vécue de l'homme moderne, nous avons délibérément omis toute bibliographie en fin de volume, au risque que le spécialiste, familier de certains thèmes, s'en étonne.

Avant-propos

Âgé de 41 ans, je suis psychiatre et psychothérapeute. Voilà seize ans que je soigne des patients et seize ans aussi que je conduis des recherches dans tous les azimuts pour mieux comprendre ce qui se passe dans nos pauvres cervelles d'hommes. La souffrance psychologique est plus répandue que la carie dentaire, le cancer ou l'infarctus. Elle touche tous les hommes sans exception ! La soulager est ma passion.

Dans ce but, j'ai cherché du côté de la biologie, à la découverte de la molécule qui expliquerait et soignerait tout. Mon ambition naïve et un tantinet mégalomane a évidemment été déçue. Dans l'état actuel de la science, il n'existe aucune cause biologique connue à l'immense majorité des troubles mentaux.

J'ai cherché ensuite en Afrique noire, parce qu'une culture différente de la sienne donne des éclairages nouveaux. J'ai trouvé la condition humaine souffrante identique, quelles que soient les latitudes. Seules les modalités d'expression de cette souffrance changent. Selon les continents, on ne la dit pas de la même manière, mais elle reste la même, toujours aussi massive et énigmatique. L'Africain déprimé dit que son « cœur chauffe » quand le Français dit qu'il est triste. Les deux sont déprimés, mais en Afrique il est impudique de parler de ses sentiments.

Je me suis alors tourné vers les traitements psychologiques, ce qu'on appelle les « psychothérapies ». Les psychothérapies traditionnelles sont longues, coûteuses et d'une efficacité incertaine : une psychanalyse peut durer jusqu'à dix ou quinze ans, alors que des chercheurs réputés affirment que deux névroses sur trois guérissent spontanément en deux ou trois ans sans traitement. Pourtant, les psychanalystes sont souvent des personnes sérieuses. Il m'est devenu évident qu'ils faisaient une erreur : s'ils gardent aussi longtemps les patients en traitement, c'est qu'en fait, ils cherchent à guérir non un trouble passager, mais la condition humaine. Leur ambition est plus vaste que la mienne quand je m'intéressais à la biologie. Certains l'ont compris, qui sont allés jusqu'à la conclusion que la psychanalyse, au fond, n'est pas un traitement au sens médical du terme.

Cependant, le mystère reste entier. Pourquoi, partout, les hommes souffrent dans leur psychisme ? Pourquoi notre chemin est-il aussi pénible ? Au moins, la psychanalyse m'a appris qu'il ne faut pas tenter de guérir la condition humaine. Pour être efficaces et apporter un vrai soulagement, nous devons être plus modestes et nous arranger pour que la thérapie soit la plus brève possible et le patient le plus indépendant possible du thérapeute. L'idéal est que chacun parvienne à jouir librement de sa vie, sans intrusion d'un tiers, fût-il un professionnel. Je rejoins ainsi des idées largement développées aux États-Unis depuis plus de trente ans.

Malheureusement, le monde des thérapies dites « brèves » est une véritable foire d'empoigne. Bienheureux celui qui se retrouve dans ce magma de courants théoriques, qui compte plus de trois cents écoles d'un sérieux très inégal ! J'en ai tenté une synthèse qui a été publiée en 1990. Dans les principales écoles, émergent ici et là des techniques de soins originales, créatives et efficaces. Je ne regrette donc pas cette orientation sur les thérapies brèves, je la développe et depuis plusieurs années je l'enseigne.

Mais sur la question principale (Pourquoi, partout et plus ou moins toute leur vie, les hommes souffrent ?), je reste insatisfait. Toutes ces méthodes thérapeutiques sont des *techniques.* L'essentiel, l'homme vivant, est un mystère plus grand que les techniques. Tous les jours, la pratique me montre que les problèmes psychologiques ne peuvent pas se laisser réduire à une simple affaire de technique psychothérapique.

Il faut une perspective plus large. Dans la réflexion, il faut passer à l'étage du dessus pour prendre la hauteur nécessaire à une véritable compréhension des difficultés humaines. Ce faisant, je m'affronte aux questions essentielles qui se posent à tout homme : celle du bonheur, celle des raisons de vivre, celle du sens de la vie. Rien de moins !

Pour aider efficacement l'homme contemporain, il ne faut plus esquiver ces questions mais les aborder franchement. Je l'ai compris en 1991 quand l'éditeur Alain Noël m'a proposé d'écrire un livre sur « le bonheur en famille ». Soudain, je me suis rendu compte que la plupart des psychothérapies indiquaient des pistes pour tenter de sortir du malheur, mais qu'aucune ne disait ce qu'était le bonheur, ni où, ni comment le trouver, ce qui probablement explique des résultats souvent décevants. Pour se rendre quelque part, il faut d'abord savoir où on veut aller. Quel est le but de ma vie ? À quoi cela sert-il que je vive ?

Ces questions ne sont plus un luxe facultatif pour riche bourgeois oisif ; arriver à y répondre est une nécessité vitale pour les hommes d'aujourd'hui, qui pourrait éviter bien des dépressions, bien des divorces et bien des suicides. C'est pourquoi dès lors j'ai axé tout mon travail sur le bonheur et sur les ressources dont la personne peut disposer pour l'atteindre.

Une des voies de recherche à explorer était de trouver un témoin expérimenté, qui ait vécu longtemps, qui rayonne de bonheur d'une manière qui ne trompe pas, qui puisse me dire en face : « Oui, j'ai été heureux toute ma vie, et je suis heureux » et que je puisse questionner. J'avais besoin de quelqu'un qui soit de l'étage du dessus, un spirituel qui ait – je l'espère – une vue supérieure sur les problèmes humains.

C'est ainsi que j'ai rencontré le père Amédée, 82 ans, moine à la trappe de Bricquebec, dans le Cotentin. Avant la dernière guerre, il est religieux, enseignant la littérature à Jersey. Fait prisonnier en 1940, il reste captif cinq ans à Berlin. En 1945, à 32 ans, il entre à la Trappe, où il vit depuis, sauf un intermède de six ans pour des études à Rome. En 1957, il est reçu docteur en théologie, avec une thèse sur un cistercien du XIIe siècle, Aelred de Rievaulx. Cette étude est devenue une sorte de classique en littérature monastique.

Notre rencontre ne s'est pas faite fortuitement. Affecté à l'époque à Cherbourg, j'avais eu l'occasion de le fréquenter régulièrement pendant trois années. Je l'avais vu constamment joyeux et enthousiaste. Je l'avais vu rire du surnom de « turbomoine » qui lui avait été donné dans la région et s'amuser comme un enfant quand les autorités locales l'avaient décoré de la médaille du tourisme. J'avais pu apprécier sa finesse de jugement, son dévouement aux autres et la qualité de son écoute que pourraient lui envier bien des psychothérapeutes, quoique lui-même ne confonde pas les genres et ne veuille être que l'homme de Dieu, vivant dans Sa louange et simple instrument entre Ses mains pour conduire les âmes vers Lui.

Quand j'ai suggéré l'idée d'un livre au père Amédée, il a eu un mouvement de recul et m'a dit : « Encore un livre de plus ? Il y en a tant de nos jours et on ne les lit pas ! » À mon assaut suivant, j'ai entendu : « Un sujet pareil est trop délicat ! » Quelques semaines plus tard : « Non ! À mon âge, l'urgence n'est pas d'écrire mais de vivre plus intensément ! » Et encore : « Il ne s'agit plus pour moi d'informer mais de communier. »

En fait, les moines aiment le silence, condition de leur bonheur. Ils n'aiment pas le bruit des médias qui ne fait pas forcément du bien aux âmes, et à la leur d'abord. Mais je n'ai pas désarmé : je voulais saisir le jeu de cette pensée, connaître l'expérience si spéciale de la vie de cet homme et en visiter tout ce que je pourrais. Je voulais surtout découvrir cette pensée dans le jaillissement de sa spontanéité. La meilleure forme serait donc celle d'un dialogue, et d'un dialogue *sans filet*.

Notre guerre de tranchées a duré deux ans jusqu'à ce qu'il finisse par capituler, grâce à la pression discrète de son père abbé. La réticence a fait place alors à une poussée d'enthousiasme, et c'est en une heure qu'il griffonna le plan que devraient suivre nos entretiens. Il voulait des « vues fulgurantes », des « vues vives sur la vie », pour l'homme moderne victime des « 3 E » : encombrement, éparpillement, énervement.

Le résultat, ce sont ces entretiens pour lesquels nous avons suivi une règle du jeu simple, en deux points :

– Laisser chacun au vestiaire notre arsenal de connaissances théoriques pour tenter d'atteindre l'essentiel de l'aventure humaine d'aujourd'hui.

– Le moine choisit l'ordre des thèmes et le psychiatre conduit l'exploration. Il le pousse dans ses retranchements.

J'attendais du vrai. Le moine a suivi son attrait. J'ai eu ce que je cherchais.

Certains de mes confrères diront qu'il ne fait pas bon pour un psychiatre frayer de trop près avec la religion. Aucun domaine n'est à exclure de la recherche scientifique, sauf à avoir des œillères idéologiques. Cet ouvrage n'est pas un traité de psychologie à destination des prêtres ni un traité de théologie à destination des scientifiques, mais un échange de deux expériences spécifiques, différentes, inégales et peut-être complémentaires. Quel contraste que celui de nos personnalités ! Celle du moine, théologien de 82 ans, directeur spirituel dans un couvent, et celle du psychiatre de 40 ans, marié, père de famille et thérapeute « en plein vent » !

Dr D. MEGGLÉ

Chapitre 1

La terrible maladie aquoibonite

Dominique MEGGLÉ. – Parlez-moi de cette mystérieuse « aquoibonite » qui vous intéresse tant.

Père AMÉDÉE. – Le terme a été inventé par Jean Sulivan pour désigner cette maladie de l'homme d'aujourd'hui, affecté de morosité et d'une certaine désespérance, en proie à un mal-être qui s'exprime par le mot de la déception : « *À quoi bon ?...* À quoi bon s'obstiner à lutter ? À quoi bon espérer encore ? ... »

La tradition monastique connaît depuis longtemps cet état de dégoût et d'insatisfaction qu'elle appelle « acédie ». L'acédie n'a jamais été que sporadique chez les moines, mais l'aquoibonite est devenue une épidémie dans le monde d'aujourd'hui. Elle vient d'un non-accueil : les gens modernes sont fatigués par refus. Refus du réel, refus de la modernité. C'est une véritable maladie de la relation, qui va parfois jusqu'au plaisir d'être insatisfait.

Sous le choc des déceptions subies ou des échecs répétés, le sujet se replie sur lui, meurtri par les coups de la vie. Dans le réel de l'existence, en effet, grande est la part des échecs. Ces échecs sont autant de chocs révélateurs de la personnalité humaine ; les uns les assument et continuent leur chemin, d'autres sont abattus par le destin. Ces derniers sont entraînés dans un repli sur soi que j'appelle « ipsation », du latin *ipse,* soi-même.

D. M. – Que se produit-il chez l'homme quand il est confronté à l'épreuve ? Deux personnes en bonne santé traversent le même événement épouvantable, déportation ou tortures par exemple. L'une développe ensuite des troubles psychiques qui durent sa vie entière, pas l'autre, qui en sort plus mûre et plus humaine. Pourquoi ? C'est une énigme. Jusqu'à maintenant, pour l'expliquer, les chercheurs n'ont émis que des platitudes : ils disent que chacun a son *break point,* son « point de rupture » et que celui-ci est imprévisible car purement individuel. Devant des événements plus courants, les réactions de chacun sont tout aussi imprévisibles scientifiquement, ce qui est encore plus énigmatique. Dès qu'une personne réagit mal à un événement, on dit qu'elle a subi un « traumatisme » et si elle vient en thérapie, on l'en convaincra ! Pourtant je ne connais pas d'enfant qui ait pu grandir sans arrêter un jour de téter le sein de sa mère, ce qui fut une grande épreuve, ou qui ait pu apprendre l'arithmétique sans avoir de redoutables échecs avec la fin de la table de multiplication des 8 et des 9... Pas d'enfant non plus qui ait appris à faire du vélo sans connaître des chutes, souvent sanglantes. Échecs, échecs et encore des échecs !

Donc je vous rejoins, mais il persiste une différence capitale entre nos deux conceptions. Pour vous, la personne est libre : c'est elle qui décide de persévérer ou de capituler, et la vie qu'elle a est celle qu'elle veut. Nous, les psychiatres, insistons sur le poids de ce qu'elle a subi dans l'enfance : des conditionnements précoces lui ont forgé une vision du monde qui la fait souffrir et vis-à-vis de laquelle, adulte, elle ne peut être qu'assez passive.

P. A. – Nos approches sont diverses mais elles peuvent se compléter. Voyez cette spirale (fig. 1) qui se love sur elle-même : cette ipsation est repli sur soi par refus d'autrui.

D. M. – Que de fois l'on entend, chez les jeunes, la réaction spontanée : *À quoi bon ?*

Déjà éprouvés par la dureté de leurs études et les déchirements familiaux, marqués par la peur de

fig. 1

l'avenir, ils soupirent : « *À quoi bon* s'engager dans une vie qui s'annonce décevante ? *À quoi bon* se marier, si c'est pour rompre un peu plus tard ? *À quoi bon* avoir des enfants si c'est pour les élever dans ce monde-là ? Quand on voit tout ce qu'ils auront à affronter : chômage, drogue, sida... »

P. A. – Vous évoquez la toxicomanie. Cette épidémie crie le vide qui marque tant d'existences actuellement. Si la vie n'a pas de sens, vers quoi l'ordonner ? *À quoi bon* lutter ? C'est l'appel de l'abîme : pour fuir le vide intérieur, on risque le vertige au bord d'extrêmes précipices. À quoi bon, à quoi bon ?... Cela rejoint la dernière mode *grunge.* En vain ai-je cherché ce mot dans le dictionnaire anglais. *Grunge* est un terme d'argot pour qualifier ce qui est sale, négligé, rejeté et minable. Cette mode du moche est encore un indice du vide existentiel dont souffrent ces jeunes.

D. M. – Le *grunge* témoigne plutôt de la problématique banale des adolescents. Le jeune a une identité encore fragile, et donc la tentation de se replier sur lui-même et de refuser l'autre. Ce phénomène, transitoire, est normal et c'est seulement quand il se fige et s'aggrave qu'il devient pathologique.

P. A. – Néanmoins, la fin de l'adolescence est habituellement marquée par ce que j'appelle « l'épreuve du cratère », qui est un très curieux phénomène. L'adolescence est d'abord vécue comme un rêve de splendide ascension vers le plateau immense de la vie adulte. Mais voici que vers vingt,

vingt-cinq ans, au lieu de la magnifique perspectiv qu'il espérait, le jeune a l'impression d'amorcer une descente dans un cratère inattendu : l'espace s'estompe, l'horizon se ferme, la perspective est décevante. Alors, le subtil « à quoi bon ? » risque d'être le refrain de ce passage difficile. Heureusement, peu à peu s'amorce la remontée, la lumière réapparaît, l'horizon s'élargit et il redevient attirant.

D. M. – Les jeunes moines connaissent-ils ce genre d'épreuves ?

P. A. – Même dans une abbaye, on peut éprouver la morsure de l'aquoibonite. Ordinairement, une première étape se vit tout en élan : noviciat, études, profession monastique, peut-être ordination sacerdotale ; bref, c'est une sorte de course avec des obstacles successifs à franchir. Mais après ? Cette première étape étant accomplie, quelle promotion peut-on attendre dans un monastère ? Aucune, sinon celle de réussir l'épreuve de la durée et de la patience dans la monotonie du quotidien sans fin. Comment s'étonner alors que des moines puissent ressentir la tentation de l'« à quoi bon » ? Qui se scandaliserait de certains abandons, le moine déçu allant chercher ailleurs son bonheur...

D. M. – En somme, il aura divorcé du monastère. Cela me fait penser à tous ces couples victimes de votre aquoibonite : tous les jours recommencer les mêmes journées avec la même femme ou le même homme. Et l'on divorce. J'en vois tant ! Notre société est allergique aux engagements. Aussi, elle en propose la rupture à qui le souhaite. Il y a l'IVG, mais aussi l'IVM, le divorce, qui est l'interruption volontaire de mariage comme votre IVV est l'interruption volontaire de vœux ! Notre époque n'aime pas la durée, peut-être parce qu'elle contient l'épreuve fondamentale pour le bonheur ou le malheur de l'homme. Elle nous exhorte : « Hâtez-vous de ne pas terminer ce que vous avez commencé. Vite, du changement ! »

Je pense à l'homme de la quarantaine qui, après quinze ans de mariage, « plaque » sa femme pour une plus jeune que la sienne. L'épouse délaissée n'a plus les mêmes charmes qu'autrefois pour refaire sa vie. À la même époque, il n'est pas rare non plus que les femmes « explosent » et divorcent à la grande surprise d'un mari complètement stupéfait. Il croyait connaître son épouse et la voilà qui s'en va, voulant « enfin vivre sa vie ». Il était convaincu qu'elle était satisfaite de son existence à la maison entre les enfants, la cuisine et ses petites manies. En fait, lentement, au fil des mois et des années, silencieusement, elle faisait ses additions ; elle constatait que, dans le bilan de son mariage, la colonne « débit » s'alourdissait de plus en plus tandis que celle du « crédit » restait vide. Un beau jour, elle tire un trait sous ses colonnes, fait ses comptes et, pleine de ressentiment, prend une décision irrévocable : elle part. Rien alors ne l'arrête. Les supplications sont inutiles.

P. A. – Le seuil des quarante ans est aujourd'hui un moment critique dans l'existence humaine. Jusqu'à ce tournant, l'itinéraire de beaucoup d'hommes et de femmes fut plein d'efforts et de réussites. Au moment où ils se réjouissent d'être « arrivés », voici que surgit un harcèlement inattendu : *il faut* se recycler, voire se réorienter ou même changer de métier ; *il faut* devenir plus compétitif, car âpre est la lutte économique, précaire mainte situation. *Il faut* se remettre en question. Même les spécialistes sentent en eux le lancinant *« à quoi bon ? »*. Au monastère, on retrouve aussi la tentation de l'aquoibonite vers 40-45 ans : « Mais qu'est-ce que je fais ici ? ... » Oui, vraiment, cette aquoibonite est actuelle et existentielle.

D. M. – La « crise du milieu de vie » est une étape importante et passionnante à vivre. Certains collègues la considèrent comme une deuxième adolescence, la « maturescence ». C'est l'heure où la personne fait le bilan de ses espoirs réalisés et de ses attentes déçues tout en prenant conscience qu'elle a déjà vécu la moitié de ses jours. La question essentielle qui se pose alors est : « Qu'est-ce que c'est que cette vie ? Dans quelle direction orienter ce qui m'en reste ? Faut-il continuer sur ma lancée ou bien changer radicalement de cap ? »

P. A. – Une fois la crise surmontée, les plus courageux – ou les plus chanceux – parviennent à ce que Beirnaert appelle la *sérénité dynamique* : état calme, mais pas « plat », de santé humaine. Ils vont leur chemin, paisibles parce que réalistes. Ils entreront en leur vieillesse avec une assurance contagieuse pour leurs proches.

D. M. – Les autres prennent le vieillissement comme un naufrage et disent : « Tout part, on perd ses amis, on perd sa santé, on n'en peut plus, alors à quoi bon continuer ? » Le virage vers la sérénité dynamique ou le naufrage progressif se prendrait à quarante ans ?

P. A. – Peut-être, mais l'aquoibonite se retrouve à un âge plus avancé chez des personnes qui, auparavant, n'en avaient jamais été victimes. Ne serait-elle pas aujourd'hui la tentation des prêtres de 60-70 ans ? Ils se sont dévoués aux autres toute leur vie. À l'âge où les laïcs prennent leur retraite, eux sont écrasés de travail, peu entourés, rarement gratifiés. Certains finissent par se dire : « À quoi bon ? » Quand on leur répond : « Mais si, continuez, regardez tout le bien que vous faites ! », ils vous rétorquent : « Ce que je fais, oui, bien sûr, mais qu'est-ce, comparé à tout ce qu'il reste à faire ? et où sont les résultats de mon travail ? Une goutte d'eau dans l'océan... À quoi bon ? »

Fréquent est aujourd'hui le danger d'une morosité désabusée, subtile et tenace la tentation de la désespérance, car la modernité est éprouvante par ses mutations complexes, profondes, radicales et rapides. La vitesse agresse l'homme, l'exténue, le dépasse et le délaisse. L'homme devient surnuméraire, mis de côté. Alors, à quoi bon cette course sans fin si elle est au détriment de l'humain ?

D. M. – Ainsi, l'aquoibonite serait la tentation de tous les âges de la vie, dans tous les secteurs et dans toutes les vocations. Cette ipsation pourrait entraîner l'être dans un processus autodestructeur. Votre spirale, qui remonte à l'intérieur d'elle-même (fig. 1, p. 21), est une espèce d'implosion.

P. A. – Certaines formes d'éducation, voire d'éducation spirituelle, peuvent favoriser l'ipsation. Nous, les trappistes, nous tenons à l'ascèse, qui est discipline du corps et de l'imagination, mais comme formateurs religieux, nous devons nous poser la question : « L'ascèse, pour quoi faire ? Est-ce pour produire des êtres volontaires et généreux ou bien des êtres desséchés et bétonnés ? » Les uns seront pleinement vivants, les autres seront devenus secs et durs ! Il nous faut être très vigilants.

D. M. – Que mettez-vous au bout du processus d'enfermement et de bétonnage ? Que se passe-t-il quand la spirale a fini sa course vers le dedans ?

P. A. – Le désarroi ! L'aquoibonite a gagné. Ainsi, tant qu'un grand malade a le moral et qu'il dit : « Oui, oui, ça va », il va effectivement tenir ; en revanche, quand il commence à dire : « Mais tous ces soins, tous ces examens en plus, à quoi bon ? », il vit l'expérience drastique du désarroi. Il perd pied. Il perd cœur.

D. M. – Est-ce seulement une question d'intensité de souffrance pour le malade ?

P. A. – Plutôt une conjonction néfaste entre une souffrance plus ressentie et une résistance amoindrie. Alors, le mal semble le plus fort. Moment terrible de « déprime » : le patient est comme perdu sur son sentier qui se révèle une impasse.

D. M. – Cette « déprime » est-elle fondamentalement pour vous une crise d'ordre spirituel ou au contraire un trouble psychologique, voire une maladie (ce qui est ma manière de l'envisager) ?

P. A. – Tout est intimement lié. Je crois à la profondeur spirituelle de l'homme, ce « corps animé » ou cette « âme incarnée ». L'homme est un être relationnel dont la vie et la croissance se déploient selon une quadruple dimension. Cette unité et cette complexité, je l'évoque par ce petit mot humoristique : MAUD.

M : relation à *moi-même,*
A : relation aux *autres,*
U : relation à l'*univers* par mon corps,
D : relation à *Dieu.*

Des guérisons se produisent par exemple dans les réunions charismatiques. Les témoins, parfois médecins, sont intrigués : s'agit-il de vrais miracles ou de phénomènes psychosomatiques ? En fait, si, dans un être humain, la relation à Dieu devient forte et intense, elle va marquer la vie tout entière. Même si le sujet reste psychiquement faible, il tient et va son chemin. Il boite peut-être, mais il marche quand même.

Un religieux faisait cette confidence : « Au noviciat, nous étions cinquante jeunes venus de toutes les régions de France et de milieux sociaux divers. Je remarquais souvent ces rudes gars, montagnards ou paysans, solides, sympathiques mais rugueux. Je les ai retrouvés trente ans plus tard et je les ai admirés : quelle finesse de relation, quelle délicatesse et quelle tendresse ! Au fil des ans, leur intensité spirituelle avait marqué et transformé leur être profond. »

D. M. – Il n'y a pas que la relation à Dieu qui marque un être et le transforme. Tout être humain est influencé, dans un sens ou dans un autre, par les relations qu'il a avec son conjoint, sa famille et ses collègues de travail. J'ai vu des sujets craintifs et hyperémotifs guérir de leurs phobies grâce à un bon mariage. J'en ai vu au contraire totalement déstabilisés par leur mariage. Une relation de bonne qualité avec un psychiatre aide le névrosé à s'épanouir : c'est l'essence même de la psychothérapie. Tout se joue dans la relation.

Or, l'angoisse est le moteur des troubles psychiques et c'est elle que soulage ou aggrave la relation, selon sa qualité. Expérience universelle, l'angoisse est pourtant un concept nouveau qui, dans son sens actuel, ne date que du XIXe siècle. Avant, on n'étudiait que des émotions comme la peur et ses degrés d'intensité : crainte, effroi, terreur. L'âme était du ressort de la religion et pour pouvoir en faire un objet d'études scientifiques, il a fallu la laïciser en lui donnant le nom de « psychisme ». Depuis, la psychopathologie a plongé dans les profondeurs humaines et décrit de plus en plus finement l'état interne de l'angoisse, les mécanismes inconscients qui la produisent et ses formes qualitatives, telles l'angoisse « de séparation », « de castration », « de morcellement » ou « de perte d'objet ». Cependant, les travaux esquivent la question essentielle, qui est : *pourquoi* l'existence de *tout* homme est-elle marquée d'angoisse ?

P. A. – Cette angoisse universelle est signe d'un mal-être humain qui vient de très loin. Elle est un fait aussi douloureux que mystérieux : quelle en est la cause ? Le fait est là, brutal, global : en l'homme, il y a une *courbure,* liée à une origine obscure que seule la foi, pour nous croyants, peut éclairer.

Depuis toujours, cet état malheureux a suscité d'éternels « pourquoi ? ». Pourquoi les hommes sont-ils ainsi ? Qui nous livrera la clef de l'énigme ? Il y a dans l'homme quelque chose de *cassé.* La mécanique humaine est excellente. Quand on la remonte, pendant un certain temps, tout va bien, et puis crac... ça n'avance plus, c'est bloqué, ou « débrayé », ou ça se défait : il manque une dent sur le rouage. Saint Bernard parlait de cette *anima curva,* cette « âme incurvée » que chacun porte en soi et qui l'affecte dans toutes ses voies. L'homme ne peut être qu'angoissé de se sentir ainsi blessé.

D. M. – Nombre d'angoissés, épuisés par la lutte qu'ils mènent pour combattre leur anxiété, « jettent l'éponge » et abandonnent le combat, tombant dans la dépression. L'angoisse existentielle peut conduire à l'aquoibonite.

P. A. – Quand nous éprouvons avec acuité notre blessure intérieure, vive est la tentation de l'« à quoi bon ? ». Et alors, comme dit le père Bro, nous pouvons, « certains soirs, sentir l'aile noire du désespoir ».

Les mystiques appellent *nuit obscure* l'expérience crucifiante de la misère humaine qu'ils font sous le feu de Dieu qui atteint les profondeurs de leur être. Car l'inconscient de l'homme est un abîme inouï. Pour le troisième millénaire, il nous faudrait une psychologie audacieuse qui explore enfin les *vraies* profondeurs de l'homme. Les experts en cette science pressentiraient sans doute une réalité étrangement mystérieuse, mieux une présence vivante...

D. M. – Il est difficile d'aborder ce vous appelez les « vraies profondeurs de l'homme ». Dans le psychisme normal, y aurait-il comme une sorte de *marque de Dieu en creux* ? La structure humaine comporterait-elle une sorte de manque ou de béance qui ne pourrait être occupée que par Dieu, qui serait dès lors une présence indispensable à son hygiène mentale ? Comment vérifier semblable hypothèse ?

P. A. – Un jour, j'ai eu l'attention attirée par un conférencier qui avait fait une analyse du ressentiment d'après Nietzsche. Le ressentiment est une tendance à voir le mauvais côté des choses, une mentalité dépréciative, un besoin éperdu d'être reconnu et une peur d'agir par crainte du jugement d'autrui. L'homme de ressentiment est comme un chien qui a le flair pour retrouver les traces, mais seulement les traces négatives de son passé. Elles ont laissé comme des empreintes, souvenirs tenaces des torts subis.

D. M. – « *À quoi bon* continuer de faire des efforts quand les autres, le monde et la vie sont si méchants, égoïstes et indifférents ? *À quoi bon* continuer de vivre quand personne ne prend en considération mes intérêts, mes désirs et mes sentiments ? quand personne ne cherche à me comprendre ? »

Combien de patients passent le temps de la consultation à se plaindre des autres ! « Mon mari ne fait pas assez attention à moi. Mon patron ne reconnaît pas mon travail. Ma boîte me licencie alors que je me suis "crevé" pour elle sans compter mon temps. Mes enfants, ingrats, ne travaillent pas bien à l'école malgré tous mes sacrifices pour eux. Mes parents ne se sont pas bien occupés de moi lorsque j'étais enfant. » Ressentiment, refrain lancinant pour les oreilles du psychiatre : « La vie est trop injuste ! On m'a trop blessé ! » Cette rancœur est une véritable drogue avec laquelle on se *shoote.* Elle procure un plaisir vicieux et destructeur. Une fois qu'on y a goûté, on a envie d'en reprendre, et les ravages s'étendent. Elle enlève jusqu'au goût de vivre.

P. A. – Vous ai-je déjà montré ce schéma (fig. 2) ? Dans la vie, il y a d'abord une lancée : « Moi ! moi ! moi ! Vous allez voir ce que vous allez voir ! » Le jeune se lance et va suivre une ligne, celle de son rêve. Il va viser toujours plus loin et plus haut. Mais le réel s'impose, et souvent brutalement. Résultat, le choc risque de provoquer une faille néfaste : *schizo.* C'est la première maladie humaine.

Puis, s'il a traversé cette première épreuve et consenti à suivre le réel, les difficultés inévitables de la vie infléchissent sa trajectoire et leur poids de plus en plus lourd pèse sur lui. Il se décourage : « À quoi

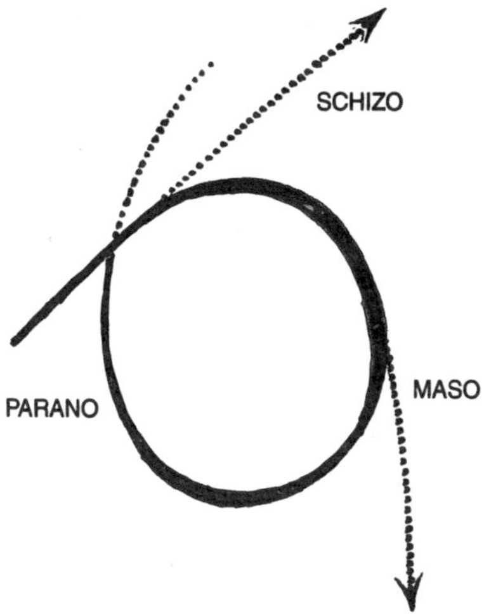

fig. 2

bon ? La vie est donc comme cela ? toujours comme cela ? on ne peut donc réaliser ce qu'on espère ?... » Dans cet état d'esprit, l'homme risque de devenir *maso* : il trouve son plaisir à voir les choses en noir. À nouveau, il s'écarte du réel, refusant de prendre la vie à « bras-le-corps » : deuxième maladie humaine.

La vie continue et le réel s'impose encore plus fort. Un peu plus tard dans son parcours, si l'homme a traversé les deux premières épreuves, quand il fera l'expérience de l'échec, il risquera de devenir *parano* : tout sera de la faute des autres. C'est la troisième maladie humaine.

D. M. – La schizophrénie touche les jeunes au moment de l'adolescence et de l'entrée dans l'âge adulte. Ils s'enfoncent alors dans un monde intérieur imaginaire. Mais pourquoi ? La science n'a pas encore de réponse. Vraisemblablement, plusieurs sortes de facteurs (biologiques, psychologiques et sociaux) sont impliqués. Je comprends moins bien « maso », la deuxième maladie humaine.

P. A. – Celle-ci vient plus tard, après un certain temps d'expérience de la vie, du mal, de l'échec et de la souffrance. Le regard est pessimiste et le cœur aigri. La vie semble un triste échec : « Tout est fichu, tout est moche, tout est pourri. »

D. M. – Il s'agit, en somme, des états dépressifs que nous connaissons. Tous comportent une note masochiste.

P. A. – Plus tard encore, s'il y a l'échec total, c'est la faute des autres : « parano ».

D. M. – Effectivement, la paranoïa se révèle plutôt vers la maturité, mais elle se « prépare » longtemps avant. Le paranoïaque « mitonne » son ressentiment pendant des années dans le secret avant de l'exprimer souvent brutalement.

P. A. – Il y a un autre indice de l'aquoibonite : le prurit de râler toujours. « Le râleur fait son malheur ! » : voilà une expression que j'aime bien, car elle est vraie. Bien sûr, contester fait partie de l'art d'être heureux, mais si l'on se lance dans la révolte, on ne fait qu'augmenter le poids de la souffrance. Souvent, je cite le cas tragique et magnifique de Jacques Lebreton, qui, à 22 ans, a perdu les mains et la vue par l'explosion d'une grenade. Un soir, lors d'une conférence, il ose dire sa joie de vivre. Soudain, un jeune se met à l'interpeller : « C'est révoltant ! Tu n'as pas le droit de parler ainsi ! » Calme, Jacques l'écoute puis répond : « Bravo ! Toi, tu es un homme. Tu dis que c'est révoltant ? D'accord, mais je l'ai éprouvée avant toi, cette réaction. Quand je me suis retrouvé à l'hôpital de Damas, aveugle et amputé de mes mains, j'ai connu la révolte totale : À quoi bon vivre ! je suis fini... Mais l'amour a surgi dans ma vie. Tout a repris sens, bien au-delà de la révolte. Alors, ami, accueille mon témoignage : tel que tu me vois, je suis heureux. »

D. M. – Votre exemple est extrême. Dans les classifications médicales, la râlerie est rangée parmi les troubles du caractère ; l'irritabilité est décrite, intégrée notamment au tableau de la dépression, mais elle n'est pas expliquée. La question reste posée : pourquoi le râleur râle-t-il ?

P. A. – *Parce qu'il n'arrive pas à accueillir le réel.* Par principe et peut-être par habitude, il est contre, il se révolte, il refuse le réel, mais celui-ci, hélas ! s'impose. Toutes nos maladies viennent d'un manque d'accueil du réel.

Prenons l'exemple d'un Parisien qui vient en Cotentin. Il se réveille le matin : il fait un temps épouvantable ; alors il râle : « À quoi bon être venu pour trouver ce temps pourri de Normandie ! Je ne reviendrai plus jamais ! » Résultat : il ne change pas le temps, mais il s'empoisonne lui-même et va empoisonner toute sa journée et sa maisonnée !

Reprenons à son réveil un autre homme, capable d'accueil. Sa réaction sera réaliste et son humeur sereine. Il se dira à lui-même quelque chose comme : « Prends le temps tel qu'il est. Ne lui donne pas la permission de démolir ton moral. Ta journée peut être heureuse malgré ou même *avec* cette pluie. » Cet homme sort de l'aquoibonite. Il est en route vers la sérénité dynamique, source d'équilibre pour lui-même et contagieuse pour les autres.

D. M. – Voilà à quoi nous devrions arriver ! L'expérience montre que cette espèce de méthode Coué ne marche pas toujours.

P. A. – Toute personne affectée d'aquoibonite, quel que soit son âge, si elle arrive à consentir à la vie telle qu'elle est, guérit, mais, bien sûr, progressivement.

Gustave Thibon dit que dans toute vocation d'amour (mariage, vocation religieuse ou autre), il y a trois stades. Le premier est l'éblouissement. Le deuxième, qui dure de cinq à dix ans, est une dégradation de la relation, inconsciente, inavouée, voire refusée et refoulée. C'est une descente plus ou moins brutale le long d'un ravin. Quand on est tout au fond, il faut passer par un tunnel noir qui est plus ou moins long. Tout peut casser. Et puis enfin, on sort du tunnel et on respire à l'air libre. On a alors trouvé le bonheur réel et le couple peut se faire la plus magnifique déclaration d'amour qui soit : « Je t'ai d'abord aimé(e) pour le mystère, pour l'éblouissement que tu m'as apporté. J'ai continué à t'aimer, ou plutôt, nous nous sommes aimés malgré notre pauvreté perçue, accueillie. Et maintenant, je t'aime, toi, tel(le) que tu es, parce que c'est toi. »

On ne peut pas sortir de l'aquoibonite sans cette sagesse de l'accueil. Accueille-toi tel que tu es, accueille les autres tels qu'ils sont, accueille le rythme de la vie tel qu'il se présente !

« Oui » : voilà le petit mot de la santé humaine. Le consentement est l'acte suprême de l'homme, l'acte le plus humain et le plus humanisant. C'est l'acte du savant qui commence par consentir aux mystères de la nature qui le dépassent, pour pouvoir ensuite l'explorer et la découvrir.

D. M. – C'est l'acte du psychothérapeute qui, sans imposer ses idées personnelles, doit consentir au patient tel qu'il est et explorer sa vision du monde afin de s'en servir pour le guérir. Chaque thérapie est une découverte inédite.

P. A. – Le consentement est aussi l'acte le plus divinisant qui soit, parce que, si j'arrive à consentir à Dieu qui passe dans les événements que je vis, si j'arrive à consentir à ce qui me dépasse, y compris le mystère du mal, alors j'entre dans l'action même de Dieu. Et l'on parvient à des intuitions extraordinaires, telle celle de percevoir que l'existence du mal fait partie de la surabondance du plan de Dieu ! À l'origine, il y a un paroxysme d'amour, et cet amour demande notre consentement.

D. M. – Mais si je suis perpétuellement angoissé du fait d'un psychisme perturbé par des blessures reçues dans l'enfance, comment pourrais-je consentir à quoi que ce soit, et en particulier à une telle élévation d'esprit ?

P. A. – Le grand fait de la vie spirituelle, c'est l'acceptation de ce que je suis : toute mon hérédité, toute mon éducation, tout mon caractère, y compris les blessures les plus humiliantes et celles que je ne parviendrai jamais à connaître clairement parce qu'elles sont enfouies dans mon inconscient ; je suis ainsi, blessé, mais aimé de Dieu tel que je suis. Voilà ma force ! être aimé de Dieu avec mes petitesses ! J'arriverai, *avec* elles, à la seule santé qui soit : le consentement. Certains êtres sont profondément perturbés. De temps en temps, « ça » les reprend ; c'est cyclique. Ils ne peuvent plus rien que de plonger dans leur misère et se dire qu'ils sont aimés de Dieu. C'est la seule lueur qu'ils ont.

D. M. – Les découvertes scientifiques qui apportent un peu de soulagement au genre humain ne sont-elles donc rien, comparées à ce que Dieu peut apporter ? Dieu, à ce stade de souffrance, serait-il seul capable d'aider l'homme à consentir ?

P. A. – Il ne faut pas nier ce que la science découvre et que les causes de nos problèmes sont souvent inconnues de nous-mêmes qui en sommes les victimes, mais il y a dans l'art de vivre, humain et chrétien, une base essentielle sans laquelle rien ne tient : le consentement à mon mystère personnel. Cette situation dans laquelle je suis, cette blessure, cette insatisfaction, je l'accueille, puis je cherche à lui donner un sens. Il faut distinguer accueillir et accepter : accueillir est une attitude face au réel quel qu'il soit tandis qu'accepter est une décision de ma liberté d'aimer. Le OUI total et vrai est à la fois accueil *et* acceptation.

D. M. – Accepter est synonyme de consentir.

P. A. – Accepter, c'est consentir à ce qui advient, mais pour lui donner un sens et en faire mon bien. Accepter ma souffrance dans une certaine paix, pour éviter le désarroi. Cela se vit tous les jours. Soudain, un incident survient, un échec m'atteint. Si je me crispe aussitôt sur moi-même et si je me durcis dans le refus, comment ne serais-je pas blessé au contact de ce réel ? Mais si au contraire je l'accueille, alors je peux l'orienter dans l'axe de l'amour. Une telle attitude favorise la sérénité dynamique, signe de belle santé humaine et chrétienne. Saint Benoît veut que son moine soit heureux, toujours content du réel. Il en est vraiment content ou il s'en contente, car il essaie de tenir toujours son cœur en état d'accueil. Et si cet accueil s'accomplit en don, c'est l'antidote de l'*« à quoi bon ? »*, c'est la joie de l'amour.

D. M. – Le don de soi est donc le remède absolu ?

P. A. – L'accueil précède le don. En Dieu – pour moi, tout l'art de vivre humain a sa source en Dieu –, le Fils est tout accueil de l'amour du Père, et parce qu'Il a accueilli cet amour, Il le donne. De même, dans un bel amour entre un garçon et une fille : c'est parce que l'un accueille l'amour de l'autre qu'il est rendu capable d'aimer. Ce n'est pas d'abord parce qu'il donne. Non, c'est parce qu'il a d'abord été saisi par la découverte de cet être qui se révèle pour lui unique, qu'il peut donner ensuite. Il(elle) est saisi(e), il(elle) croit à l'amour, il(elle) accueille, il(elle) donne.

D. M. – Accueil, acceptation, consentement au réel quel qu'il soit, aussi dur qu'il puisse être.... Cela me rappelle la difficulté que nous autres médecins rencontrons parfois : certains patients nous « prennent aux tripes », pas forcément parce que leur pathologie est grave, mais parce qu'ils ont éveillé en nous de secrètes affinités. Le risque est que leur drame devienne un peu le nôtre. Nous sommes alors pris d'une compassion anxieuse de mauvais aloi, qui obscurcit notre jugement et nous rend inefficaces pour les aider. Quand je commence à ressentir cela, je sais que le mieux à faire est de m'enfermer un quart d'heure dans mon bureau, de me relaxer et de me dire : « Bon, j'accepte totalement ce sentiment. » J'essaie de voir ensuite quelles expériences passées le patient a pu réveiller en moi. J'accepte aussi bien de les découvrir que de ne pas y parvenir. Enfin, je me rappelle ceci : « Lui, c'est lui ; moi, c'est moi ; chacun sa trajectoire dans la vie ; je ne suis qu'un médecin ; et le reste à la grâce de Dieu. » Je m'ouvre au réel. Le plus souvent, cela suffit à m'apaiser et à me rendre, à nouveau, thérapeutique.

Le psychiatre américain Milton Erickson, reconnu aujourd'hui comme un génie, alors qu'il était étudiant en médecine, dut examiner deux malades sur la demande de son chef de clinique. Il voit la première, une ravissante jeune femme en pleine forme, et diagnostique une maladie mortelle. Elle n'a que six mois à vivre. Il passe au second patient, un vieil alcoolo-tabagique caractériel et violent. À 80 ans, il est encore solide. Erickson raconte : « Là, c'était trop. Je ne pouvais pas digérer cette situation. Je suis allé m'enfermer tout seul dans une pièce et j'ai décidé que je n'en sortirais que quand j'aurais accepté la vie réelle telle qu'elle est. » Il a passé l'après-midi dans cette pièce, et il est enfin ressorti ayant accepté. Il a considéré cette expérience comme essentielle dans sa vie. Depuis, il a révolutionné la psychothérapie.

Au fond, je me demande si, à la base de toute vie humaine réussie, il n'y aurait pas toujours une ou des expériences de cette sorte. Dans toute vie humaine, il y a des sommets critiques et dramatiques, avec, à la clef, la révolte ou l'acceptation.

P. A. – L'accueil est un art de vivre qui réclame de l'entraînement. J'aime suggérer cet art de vivre par ces trois lettres « A.R.T. » :

A pour accueil,
R pour réaction,
T pour tendresse.

Accueille, puis réagis dans le sens de la tendresse.

Dans notre vie, tout se joue sur nos réactions. Quels que soient les événements de mon existence, ma réaction personnelle est l'acte de liberté qui, pour moi, leur donne sens. Et ce sens devrait être celui de la valeur suprême : la tendresse.

D. M. – La tendresse est une valeur bien sympathique, mais est-elle vraiment suprême ?

P. A. – Au moins pour Dieu ! Pour nous faire comprendre qu'il est tendresse, Dieu a été jusqu'à nous dire, dans la Bible, qu'il a « des entrailles de mère ». Il s'est servi du mot *rahamim* qui, en hébreu, signifie « matrice, utérus ».

D. M. – Donc, la tendresse est plus que le sentiment qui accompagne l'amour à certains moments ?

P. A. – Il y a quelques années, un institut a mené un sondage chez les femmes américaines de 50-60 ans. La question était : « De toutes les expériences que vous avez faites, quelle est celle que vous placez au-dessus de toutes les autres ? Quelle est celle que vous désirez le plus, celle qui vous comble le plus et qui rend les autres secondaires voire superflues ? » À 72 %, elles ont répondu : « La tendresse. »

D. M. – Les femmes parlent plus aisément de tendresse que les hommes. Je ne connais pas de sondage comparable chez eux, mais je ne serais pas étonné que la même enquête, menée avec une méthodologie adaptée aux spécificités de la pudeur masculine, donne des résultats très voisins. Comment définiriez-vous la tendresse ?

P. A. – Elle est comme la fluorescence de l'amour, avec tout ce que cette image évoque de chaleur et de lumière. Suivant le titre du livre de mon ami Stan Rougier, je crois que *l'avenir est à la tendresse.* Les jeunes la cherchent, ils « crèvent » de son absence. La tendresse, c'est ce qu'on attend des gens, et qu'on trouve, par exemple, dans le cœur de Mère Teresa. Parlant des vieux moines orthodoxes,

Olivier Clément disait : « Ils sont ce que j'ai vu de plus beau. Ces vieux moines barbus arrivés à l'extrême vieillesse ont une tendresse pour tout, pour les choses, pour la nature, pour les animaux et pour les hommes quels qu'ils soient. On peut aller rencontrer l'un de ces sages : il est disponible, il accueille, il a l'air d'avoir tout son temps, il est heureux, on se sent bien. » La tendresse est un état du cœur communiant dans l'amour.

Oui, il est réaliste et bienfaisant d'orienter, de plus en plus, toute sa vie dans le sens de la tendresse. Il est urgent de s'exercer à vivre sans cesse d'écoute et d'accueil dans l'amour. Toutes nos réactions doivent aller dans ce sens. Là est l'art suprême de vivre et le combat de tous les jours.

D. M. – N'est-ce pas un peu utopique ? Les aléas de la vie quotidienne ne permettent pas de rester toute la journée immergé dans une béate tendresse faite d'un accueil permanent du réel ! Pourtant, je suis sûr que nous le voudrions tous. Vous dites qu'il faut s'exercer, mais comment ?

P. A. – Quand, le soir, vous faites le bilan de votre journée, vous pouvez constater : « Eh bien, tu vois, tout a été gâché ou tout a été gagné à cause de tes réactions. Et peu importent les contretemps, peu importent les avatars, peu importent les malheurs qui sont arrivés dans cette journée : tout a dépendu de *ta* réaction. »

C'est beau et vrai, même dans les cas extrêmes. Parfois en effet, la vie, les circonstances, le hasard ou Dieu nous placent dans des situations intenables où nous sommes écartelés. De ce côté-ci, c'est mon devoir et il faut que j'y sois fidèle fermement, et à l'autre bout, de l'autre côté, j'ai un autre devoir, une autre charge, un autre travail que je ne peux pas non plus lâcher. Or, ils semblent incompatibles et je voudrais une solution. La solution serait de pouvoir choisir entre l'un ou l'autre et supprimer ainsi le dilemme, mais c'est impossible. Je me cabre : « Non, non, c'est trop dur !... » Mais au fond de moi, le cœur dit : « Il faut que tu vives cela ! écartelé, même sans comprendre. » Et je gémis : « Pourquoi cela m'arrive-t-il, à moi ? C'est incompréhensible ! »

Là, précisément, Dieu m'attend. Là, précisément, ma liberté doit créer sa réaction la plus inédite. Dieu, lui, est tout prêt à m'aider. À moi de céder à l'attraction de son amour : « Tu sais bien, Seigneur, que je ne peux, tout seul, tenir en cette impasse. Mais dans l'éclair de ma liberté, je m'abandonne à toi, tu es mon choix. »

D. M. – Nous sommes pris quotidiennement dans des dilemmes qui n'ont pas tous cette intensité. Heureusement pour notre santé mentale, car nous serions bien éprouvés ! Vous êtes monté immédiatement sur les hauteurs de la mystique, sans évoquer les ordinaires conflits de la vie quotidienne.

P. A. – C'est vrai. Pourtant, l'art humain de vivre ne s'exerce que dans le quotidien, pas à pas, par d'humbles essais sans cesse répétés. Cependant, dès maintenant, la « voie royale » est esquissée : Accueille et réagis toujours dans l'axe de l'amour jusqu'à la tendresse !

Chapitre 2

L'ennemi moderne « EEE » : encombrement, éparpillement, énervement

Père AMÉDÉE – Une des causes de l'aquoibonite est le « tourbillon » d'un monde de plus en plus complexe et compliqué. Alors l'homme est *encombré*. Il est aussi *éparpillé* par toutes sortes d'attraits qui le tirent en tous sens. Et enfin, il est *énervé*. Encombrement, éparpillement, énervement : EEE. C'est vraiment une caractéristique de la modernité.

Dominique MEGGLÉ – Comment vous est venue l'idée de rassembler ces problèmes en un seul sous le sigle de ces trois E ?

P. A. – Du combat continuel que je mène moi-même : vous avez observé mon bureau et vous savez combien il risque l'encombrement. Sans cesse, je dois lutter contre cette menace.

On ne connaît en vérité un problème que lorsqu'on l'a éprouvé. Entre la vue que nous avons sur les choses et notre vie, il y a interaction constante : ma vue donne une certaine forme à ma vie, laquelle modifie en retour la vue que j'en avais, et cette nouvelle vue que j'ai acquise va donner une nouvelle forme à ma vie, et ainsi de suite. Un ami jésuite me disait un jour : « Il ne faut pas s'étonner de la difficulté à construire une synthèse mentale, parce que celle-ci surgit de l'expérience vitale. Elle a donc toujours du retard. » Il faut avoir vécu une situation pour l'exprimer avec clarté.

Chaque jour amène son poids d'encombrement. Vous êtes bien placé pour savoir que les revues et les prospectus affluent chaque matin. Le courrier vous menace d'éparpillement et chaque journée est une occasion d'énervement. Cet ennemi est subtil et tenace. Nous sommes victimes d'une surinformation qui nous agresse et nuit à la véritable information qui, elle, demande un certain recul pour pouvoir pénétrer, imprégner et vivifier. L'encombré moderne accumule les papiers et entasse les dossiers. Comment n'en serait-il pas fatigué ou énervé ?

Voici un aveu typique que j'ai trouvé dans le courrier des lecteurs d'un magazine : « Tout va trop vite et on ne sait où donner de la tête : achats, démarches, informations, bénévolat. Jusqu'ici, j'y arrivais. Maintenant je n'y arrive plus. » Une des caractéristiques de la modernité est que les mutations sont multiples, profondes, rapides et complexes. Il y a bien de quoi être encombré, éparpillé et énervé.

D. M. – Les moines peuvent-ils être atteints par la modernité ? Vous avez tout de même une vie très réglée, au point que vous parliez du moine qui aurait tous les jours de sa vie les mêmes choses à faire jusqu'à sa mort.

P. A. – Heureusement que notre vie a cette structure qui tient depuis plus de quinze siècles ! Elle se révèle vraiment efficace et moderne. Probablement aucune autre sorte de vie que la nôtre n'est autant liée à la structure et c'est elle qui garantit notre aventure. Si on la changeait, on attaquerait la vérité de notre quête de Dieu.

Nous prions publiquement sept fois par jour et nous prenons nos repas ensemble et en silence. Notre vie est donc très réglée, mais nous ne ferions pas la moitié de ce que nous faisons si nous n'étions pas entraînés ainsi par la communauté. En effet, dans les temps laissés disponibles, il y a ce harcèlement par les travaux, les rencontres et les conférences. Même un moine, parce qu'il est un homme d'aujourd'hui, subit l'influence de la modernité. Celle-ci met gravement l'homme en cause et lui pose directement la question du sens de son existence. Elle engage la responsabilité personnelle de chacun. En aucun autre temps, une culture n'a été aussi individualiste. Cette « révolution du sujet », comme certains l'appellent, était en route depuis des siècles, mais elle s'est accélérée.

D. M. – L'individualisme actuel pose d'importants problèmes psychologiques qui gravitent autour de l'image de soi, du « narcissisme ».

P. A. – En même temps, l'homme moderne a une conscience de plus en plus aiguë du poids de sa responsabilité sur l'histoire de son temps. Il est si responsabilisé qu'il se sent agressé.

D. M. – Cela vient surtout de l'information qu'il reçoit par les médias et qui fait qu'il est simultanément au courant, par exemple, du trafic de drogue en Amérique du Sud, de la corruption politique en France, de l'intégrisme musulman en Algérie et de la guerre dans l'ex-Yougoslavie.

P. A. – Cela va plus loin ; cette conscience plus aiguë du poids de sa responsabilité est une pression instante qui le pousse de l'intérieur de lui-même, et si instante qu'il ne peut s'y dérober, le voudrait-il.

D. M. – Si votre théorie est exacte, j'y vois quelque chose de très déstabilisant. Conscient des atrocités dans l'ex-Yougoslavie, on ne peut s'empêcher de s'en sentir responsable, mais que faire ? L'homme moderne, responsabilisé et sans moyens de réponse, est plus vulnérable à la dépression nerveuse que l'homme d'autrefois. En effet, bon nombre de dépressions proviennent d'un sens de responsabilité exacerbé.

P. A. – L'homme moderne doit, plus que celui d'autrefois, avoir un singulier pouvoir « d'encaissement ». Je me souviens avoir entendu des hommes politiques d'origines diverses affirmer que, pour exercer leur métier, il fallait « avoir un seuil de douleur très élevé ». C'est vrai partout aujourd'hui.

Il devient vital aussi de comprendre cette autre caractéristique de la société moderne : elle se cherche. Est-ce sa faiblesse ? On pourrait le penser en voyant tant d'hommes désabusés, moroses et inquiets. En réalité, cette quête incessante est sa force : elle a la grâce de se mettre et remettre en cause dans toutes ses dimensions. Sans doute cette société est instable (c'est son aspect redoutable), mais elle manifeste une vitalité bouillonnante, qui n'est pas facile à vivre. Si notre humanité se cherche en de multiples essais, comment l'homme d'aujourd'hui ne se sentirait-il pas encombré de tant d'informations variées, éparpillé par tant de sollicitations passionnantes, et en définitive énervé par toute l'instabilité stressante de ces mutations ?

D. M. – Vous êtes en train de décrire ce que, médicalement, nous appelons « l'anxiété névrotique ». La pensée de l'anxieux est surchargée d'un trop-plein d'idées qui s'y bousculent sans trêve, ses ruminations l'empêchent de s'endormir et son sommeil n'est pas réparateur parce qu'il n'arrive pas à laisser ses soucis au repos au fond de l'esprit : il est « encombré ». Impossible à l'anxieux de se concentrer sur une seule idée et de la suivre car son raisonnement, dispersé, part dans tous les sens : il est « éparpillé ». Enfin, toujours en alerte, l'anxieux est hypervigilant et les gestes et la parole, saccadés et brusques, ont perdu leur flux harmonieux et paisible : c'est ce que la langue populaire appelle « être énervé ».

L'anxiété névrotique est le trouble psychique le plus courant. Les statistiques estiment que 10 à 25 % de la population générale des pays industrialisés en est affectée à un moment ou un autre de la vie ! La France détient le record du monde de consommation de tranquillisants par tête d'habitant. Si un trouble affecte le dixième ou le quart d'une population, est-il vraiment une maladie devant entraîner la mise en traitement de millions d'individus pour des mois ou des années ? De toute l'histoire, on n'a jamais vu une épidémie pareille ! S'agit-il de psychiatrisation abusive, d'une pathologie ancienne mieux connue aujourd'hui ou bien notre style de vie nous rend-il réellement malades ? Pour le savoir, il faudrait comparer ces chiffres avec d'autres, obtenus dans les pays moins industrialisés, ce qui n'est pas techniquement réalisable car ceux-ci n'ont pas les moyens de mener à bien une enquête épidémiologique moderne ; d'autre part, nous ne disposons d'aucun repère historique scientifiquement valable.

P. A. – EEE est un état de l'homme d'aujourd'hui. Et quand on voit l'arrivée de l'invasion audiovisuelle ! Les fameuses *highways*, les « autoroutes de l'information », se mettent actuellement en place dans le monde entier à partir des États-Unis. Tout un réseau grâce aux satellites, aux câbles, aux ordinateurs et aux téléphones ! Son développement sera une véritable révolution culturelle parce qu'on aura à sa disposition des centaines de programmes audiovisuels du monde entier. Ah, le *zapping* ! En Utopie, on imagine un homme passionné d'audiovisuel qui se bâtirait une maison circulaire, avec des écrans sur tous les murs ; il se mettrait au centre et pourrait passer ses jours et ses nuits à zapper.

Il deviendrait alors ce que les Américains appellent un *fragmented man,* un homme divisé, éparpillé, brisé et énervé, sans cesse en ébullition ou effondré : le *break-down.*

Il faudra absolument une déontologie, mais son élaboration sera très délicate parce qu'il est très difficile de contrôler des images. Elles se transmettent quasi instantanément, sans tenir compte des frontières et des lois des pays qu'elles traversent. L'homme appartient déjà, comme disait McLuhan, à un grand « village mondial ». Il peut vibrer à tous les événements du monde. S'il a quelque sensibilité, comment n'en serait-il pas traumatisé ? Nous en parlions à l'instant, et vous évoquiez les atrocités dans l'ex-Yougoslavie. Encombré par toute cette information surabondante, éparpillé par tant d'attraits à accueillir, l'homme moderne est énervé jusqu'à en être culpabilisé !

L'ennemi EEE touche aussi les moines. Sachant, par exemple, qu'il y a des millions d'analphabètes dans le tiers monde, la tentation peut surgir, subtile et de bon aloi, de se dire : « Qu'est-ce que tu fiches ici ? Avec les moyens pédagogiques modernes, tu pourrais apprendre à lire et écrire à des milliers de gens ! » Je prends cet exemple parce que je suis enseignant. Sous une forme ou une autre, la « tentation tiers-mondiste » peut affecter les moines. Elle les sollicite. La meilleure réponse est de donner au monde ce dont il a le plus besoin. Et ce dont le monde a le plus besoin est que les moines soient vraiment moines, c'est-à-dire qu'ils plongent à une certaine profondeur, là où ils rejoignent une espèce de nappe souterraine mystique qui les met en communication avec chaque cœur. Le plus grand service que les moines ont à rendre aux hommes modernes est de les aider à *garder cœur*. C'est la prière qui le réalise et c'est la fonction du moine, solitaire et solidaire.

D. M. – Pour pouvoir répondre à l'ennemi EEE, il faut avoir des repères cohérents. Vous, moines, vous les trouvez dans la *Règle* qui régit toute votre vie. Elle fixe la majeure partie de votre emploi du temps. Mais pour nous, comment nous y prendre ? Je suis conscient de la nécessité de quelques repères quotidiens pour assurer la cohérence de ma vie, par exemple de donner un certain temps à telle activité et un certain temps à telle autre. C'est là que les problèmes commencent.

L'envahissement est tel que, très vite, je ne sais plus quand dire oui, quand dire non à telle proposition, à tel rendez-vous. Si j'accepte de voir X, je n'aurai plus de temps pour voir Y qui en a besoin et il y a aussi Z qui attend... Où serai-je le plus efficace ? Je n'arrive plus à le savoir. Et la vie associative ! Je dirige une association médicale dont la gestion consomme une part importante de mon temps, part que je préférerais consacrer à la recherche thérapeutique, mais pourtant c'est cette association qui me fournit le cadre légal et donc la possibilité de cette recherche ! Il n'y a pas seulement les associations professionnelles, mais celles de parents d'élèves, de quartier et de sport ! Ah, le militantisme associatif ! Mais quand on milite, quand fait-on son travail ? Quand a-t-on cinq minutes pour parler avec un de ses enfants ?

Et le téléphone ! En consultation, je le renvoie sur mon secrétariat car il est si désagréable pour un patient d'avoir son entretien interrompu ! Mais quand j'ai renvoyé le téléphone, c'est toujours à ce moment que le secrétariat l'oublie et m'appelle quand même. Il y a aussi ces relations qu'on doit appeler d'urgence. On ne les obtient qu'à la quatrième fois ou bien on laisse un message. Ils rappellent et l'on est en réunion à ce moment. Ils laissent un message. On les rappelle et la ronde exaspérante continue !

P. A. – Ce harcèlement touche tous les milieux, toutes les professions et tous les états de vie.

D. M. – Comment choisir ? Comment discerner ?

P. A. – Il faut aller à l'essentiel et lui donner la priorité. Telle doit être l'ascèse moderne. Et quel est l'essentiel ? Voilà bien la véritable question à laquelle nous arrivons.

Mais d'abord, parlons d'une autre caractéristique de la vie stressée de l'homme moderne : il veut tout, tout de suite. Or, l'acquis immédiat est aussi éphémère que le besoin qui l'a suscité. Non ! il y a mieux dans la vie vraie, car elle doit tenir face aux obstacles, malgré les échecs, compter avec le temps et ainsi apprendre la plus vitale des vertus, la patience. La patience est la vertu des moines, mais il y a aujourd'hui une « fièvre » ou plutôt un mirage de l'instantané. Ce besoin d'être exaucé immédiatement correspond à un style de vie infantile. Ce besoin qui crie enrage parce qu'il n'est pas satisfait dans l'instant. On veut tout, tout de suite et pour toujours. « C'est immoral », dit Xavier Thévenot.

D. M. – En quoi avoir un comportement infantile est-il immoral ? Quel est le rapport entre les deux ?

P. A. – « Immoral » signifie que cela détruit l'homme. L'homme ne se fait que dans et par le temps, car le temps, pour lui, est histoire. Le temps que je vis, c'est mon histoire qui se bâtit. L'homme a besoin du temps et n'est pas un être de l'instantané. Donc, vouloir tout, tout de suite et pour toujours, est immoral : cela ne construit pas l'homme. Et autant en emporte le temps : il m'emporte toujours en avant, toujours plus loin, au-delà, au-delà... J'ose le dire en cette belle formule : « À Dieu me fie, cap sur l'infini ! » C'est l'aventure au gré du vent et du temps sous l'attrait de Dieu.

Il faut donc qu'en prenant du recul, l'homme sache profiter de ce temps qui le fait et l'accomplit. Les Anglais disent : *« Wait and see. »* Donc : voir venir et savoir choisir le meilleur et l'essentiel. « Pas le temps, pas le temps !... » : on entend sans cesse ce gémissement, expression d'un manque, comme si l'on était frustré de ne pas être perpétuellement encombré. Et on rate le temps présent. On rate l'instant, don unique qu'on ne retrouvera plus jamais. Oui, « vis l'instant présent ; l'instant, c'est ta vie. Si tu gâches ton temps, tu gâches ta vie. »

D. M. – En vous entendant, je pensais à l'entraînement des sportifs de haut niveau, par exemple les tireurs à l'arc. Avec des techniques de relaxation, on leur apprend à ne voir que le tir présent, à oublier tous les tirs passés et tous les tirs suivants de la compétition. On leur apprend à être à ce tir-là comme s'il était l'unique.

J'ai entraîné un jeune tennisman qui voulait devenir moniteur. Bon joueur, il avait aussi de réelles qualités pédagogiques, mais l'anxiété lui avait fait rater plusieurs fois les épreuves pratiques de son examen professionnel. Sur le court, il voulait faire trop d'efforts. Il voulait trop bien faire. Résultat : sa « cervelle » était encombrée. Il pensait à trop de choses en même temps, donc il échouait immanquablement. Il était vraiment découragé. Je l'ai relaxé et lui ai expliqué que son corps connaissait très bien tous les gestes nécessaires à un bon tennis et qu'il pouvait donc faire confiance à son corps. Je lui ai dit aussi que « sur un court de tennis, il n'y a qu'une seule balle en même temps ». Il a bien compris, il a eu son examen.

P. A. – Donc, une création unique dans l'instant unique ? Il faut de la concentration, alors ?

D. M. – Plutôt une focalisation de l'attention. Je n'aime pas trop le mot « concentration », parce qu'il implique un effort souvent crispé et volontariste. Tant de gens dépensent leur énergie de manière désordonnée et dispersée. Ils ne savent plus sur quoi faire porter leurs efforts parce qu'ils manquent de repères. Je préfère le mot « focalisation » : simple focalisation de l'attention sans effort, souple et détendue, exactement comme on met au point l'objectif d'un appareil photo sur ce qu'on vise en fonction de la distance, de l'éclairage et de la vitesse de la pellicule.

Dans la vie, beaucoup de situations ne demandent aucun effort, mais une simple focalisation précise et détendue. C'est si reposant. On garde ainsi sa volonté intacte pour les situations où elle est indispensable. Avec la focalisation, on fait l'expérience relaxante de l'instant. On s'intéresse plus à l'expérimenter qu'à l'analyser. Dès qu'on est moins dans l'expérience de l'instant, toutes sortes de pensées reviennent, et la pagaille dans le cerveau du même coup. Dès qu'on est moins focalisé, la vision dans l'objectif se trouble. Ce n'est pas l'appareil qui est défectueux. Un simple réglage suffit pour se replonger dans l'expérience apaisante de l'instant. J'aime beaucoup ces notions de focalisation et de l'instant comme « expérience ».

P. A. – En étudiant cette notion d'expérience et en tentant de la définir, je suis arrivé à ceci : une expérience, c'est l'accueil et le sentir. Le mot essentiel est : *sentir*. Sentir sur tous les registres, depuis la sensation physique jusqu'au sentir le plus spirituel.

D. M. – Pour aider un patient à focaliser son attention, je lui dis : « Accueillez les sensations de votre corps maintenant et sentez-les, expérimentez-les. » Alors l'attention se focalise. Puis : « Accueillez cette idée que je vous communique. Elle peut être intéressante pour votre thérapie. Alors, sentez-la à fond. Vous pourrez ainsi en retenir ce qui vous est vraiment utile et rejeter le reste.» Il faut qu'il sente d'abord l'idée pour être capable d'en déterminer la pertinence, et pour qu'il la sente, il faut qu'elle soit unique dans sa tête.

P. A. – Le verbe «sentir» a une très grande importance dans toutes les expériences spirituelles. Par exemple, il revient souvent dans les derniers écrits de Thérèse de Lisieux. On ne peut faire d'expérience, au sens plein du mot, que si l'on est totalement engagé dans l'instant présent. Alors l'homme se simplifie. Il devient capable d'admiration, parce que l'émerveillement est une plénitude d'accueil et de don.

L'encombré, l'éparpillé, l'énervé n'a plus le temps de s'émerveiller. Il se plaint : «Pas le temps, pas le temps !...» Mais pas le temps pour quoi faire ? Est-ce pour avoir ou pour être ? Est-ce pour produire ou pour vivre ? pour obéir à un besoin ou pour répondre à un désir ?

D. M. – Les psychanalystes ont montré que le besoin est répétitif et qu'il faut qu'il sorte de lui-même pour aller jusqu'au désir. L'amour réside dans ce passage du besoin au désir et ce passage est un véritable travail qui se fait dans et par le temps. Il faut apprendre à tolérer la frustration, à être privé ou même à se priver, à différer l'exécution de la satisfaction de ses besoins.

Les animaux sont absolument esclaves de leurs besoins : «bouffer», dormir, se reproduire. En revanche, le petit bipède humain passe, lui, du besoin au désir. Bébé, il est un être de besoin : il tète... Très vite, il se rend compte que le sein n'arrive pas *tout de suite* dès qu'il a faim, qu'il n'est pas changé tout de suite dès que ses couches mouillées deviennent inconfortables et qu'il n'est pas pris dans les bras tout de suite dès qu'il a une petite colique. Il fait ainsi l'expérience d'être laissé à lui-même. Ces « traumatismes » provoquent en lui des sentiments dépressifs qui sont le levier le plus puissant de son développement. Grâce à ces privations en effet, il sentira peu à peu qu'il a affaire à un autre que lui, à une maman, et il éprouvera le désir de cette personne. Il sera passé du besoin au désir.

P. A. – L'encombré, l'éparpillé, l'énervé, lui, est un être humain tenté de régression. Il voudrait être comblé immédiatement. Il n'a plus le temps d'être émerveillé et de suivre son véritable désir, le désir qui l'entraîne vers l'amour. Et me reviennent en mémoire des phrases qui chantent dans mon esprit comme un refrain populaire :

« Dans le temps, on avait le temps de prendre du temps.

À présent, l'homme tout le temps court après le temps.

Il n'a plus le temps de perdre son temps.

Et pourtant, il arrive à temps là où la mort l'attend... »

Quel paradoxe ! Ce sont les mêmes hommes qui ont un étonnant rendement dans le labeur et qui savent perdre du temps avec cœur. Dès maintenant, j'ose avouer cette expérience : comment se fait-il qu'un priant augmente son rendement dans tous les azimuts ? Quand j'ai prié intensément le matin, la journée sera caractérisée par un rendement étonnant, supérieur aux journées où j'ai moins prié. Il y a là un mystère. La prière est un des secrets pour lutter contre l'ennemi de l'encombrement, de l'éparpillement et de l'énervement, peut-être parce qu'elle est une question d'amour. Écoutez ceci, de Max Picard :

« L'amour est affaire de temps.
Ceux qui s'aiment ont toujours du temps l'un pour l'autre.
Dieu est Amour,
c'est pourquoi Il s'est fait Temps. »

Ah, cette trinité noire qui, sans cesse, nous harcèle : avoir, savoir, pouvoir ! Ces trois besoins sont dans un jeu constant d'interaction qui nous fait tomber aux mains de l'ennemi.

D. M. – Pour aller jusqu'au désir, l'homme doit passer par ces trois besoins et les maîtriser. En eux-mêmes, ils sont indispensables à notre vie : pour nourrir ma famille, j'ai besoin d'argent ; pour faire fonctionner mon intelligence et rendre service à la société par mon travail, j'ai besoin de connaissances ; et j'ai le droit de prétendre à des responsabilités en rapport avec mes capacités. Tout cela m'épanouit. Pourquoi donc être aussi pessimiste sur l'avoir, le savoir et le pouvoir et les qualifier de « trinité noire » ?

P. A. – La trinité noire est de plus en plus active dans le monde moderne. Plus on a, plus on veut avoir. Plus on a, plus on augmente le savoir. Le savoir lui-même est un avoir qui augmente le pouvoir. Le pouvoir est le pire : avoir plus, savoir plus afin de pouvoir plus ! Un homme politique lucide et franc le constatait : « Ce qui domine le plus âprement l'homme, ce n'est ni l'argent ni le sexe, mais le pouvoir. J'ai vu des gens qui étaient de bons amis, cordiaux et bienveillants. Lorsqu'ils ont acquis un certain pouvoir (surtout en politique), ils ont changé d'attitude. Il leur fallait absolument garder le pouvoir à tout prix et si jamais ils le perdaient, ils en étaient traumatisés. Alors, ils devenaient capables de toutes les manœuvres, même de "magouilles", pour le reconquérir. »

D. M. – Je connais des cas douloureux partout : l'obsession de faire carrière ! Le résultat en est trop souvent : trahisons, angoisses, mensonges, dépression...

P. A. – Quand le pouvoir s'effrite, quand la vieillesse approche, le personnage est blessé. Alors, avec une sorte de frénésie, il veut à tout prix embellir son « image ».

D. M. – Et les médias sont la scène du théâtre où les hommes politiques jouent le grand jeu...

P. A. – Une autre cause d'encombrement, d'éparpillement et d'énervement se répand beaucoup de nos jours. Immense nébuleuse, elle circule partout et imprègne tant de gens ! Je l'ai résumée dans un sigle très personnel : « EGMOSSS ». On ne se rend pas assez compte de son ampleur. Pourtant, combien sont attaqués par EGMOSSS ! La nébuleuse EGMOSSS recouvre ésotérisme, gnosticisme, magie, occultisme, sorcellerie, spiritisme et satanisme.

D. M. – Tout cela est plutôt ancien et nous éloigne des problèmes liés spécifiquement à la modernité.

P. A. – Non, EGMOSSS appartient à la modernité la plus actuelle et a une influence extrêmement stressante. Prenez la magie. On en devient esclave ; quand on commence à se mettre dans l'obédience d'un voyant, on est conditionné et on abdique une partie de sa liberté.

D. M. – On a ses raisons pour consulter un voyant. Se soumettre à son verdict peut servir de tranquillisant et nous soulager de l'angoisse liée aux incertitudes terribles dans lesquelles notre condition humaine nous plonge parfois. Alors celle-ci, retrouvant un semblant de rationalité, redevient plus vivable. La magie ne serait-elle pas la forme la plus ancienne de psychothérapie ?

P. A. – Mais le fait d'aller consulter un voyant laisse ensuite une trace qui affecte la profondeur de la personnalité. Au lieu de réagir à la manière de Sartre qui disait : « Crée ton destin par un acte de liberté », on est conditionné même à son insu. Celui qui a consulté un voyant dira après : « Il m'a quand même dit des choses vraies et, pour mon avenir, il m'a prédit que... » Eh bien, ça y est, il est conditionné. Son subconscient et son inconscient, marqués, vont modifier à son insu sa vue, ce qui va affecter sa vie, si bien qu'à la longue il ne pourra plus vivre sans consulter à nouveau. Il est devenu dépendant. Je trouve cela très grave. EGMOSSS : j'ai créé ce sigle un peu étrange afin de faire sentir la complexité de ce phénomène culturel. Cette nébuleuse est un amalgame d'éléments divers intégrés en systèmes ondoyants.

Prenez l'ésotérisme. Est ésotérique toute doctrine plus ou moins secrète, ou en tout cas énigmatique et réservée à des initiés, qui promet à l'homme de « se réaliser ». Pour être initié, il faut avoir été choisi par des sectateurs de la doctrine. La doctrine m'assure que j'ai en moi tout un potentiel mystérieux de désirs profonds qui ne demande qu'à s'accomplir pour que je me réalise totalement. Elle prétend me donner les secrets de l'univers, de mon être et de mon harmonie plénière avec l'univers. On pourrait classer ici le mouvement du « Nouvel Âge », ou *New Age,* qui a tant de succès aujourd'hui.

D. M. – Le « Nouvel Âge » est un héritage de la « contre-culture » californienne des années soixante-dix. Je le connais bien parce que certains milieux de la psychologie et de la psychothérapie sont particulièrement « chargés » de sa diffusion mondiale. Mais le mouvement est difficile à saisir car, pour être efficace, il s'est organisé en réseaux sans charpente visible. Souvent, l'on ne peut faire autrement que de pressentir son inspiration derrière des « couvertures » très hétéroclites : thérapies douces, hypnose, massages, groupes de psychothérapie, de méditation, de réflexion philosophique, politique et religieuse. Quelles que soient ses formes d'expression, on retrouve toujours les mêmes thèmes : « l'esprit humain a des capacités quasi infinies » ; « en stimulant ses ressources personnelles, on peut se guérir soi-même de toute forme de mal » ; « le bonheur est dans une prise de conscience toujours plus intense et vaste ».

P. A. – EGMOSSS est un problème très actuel et vous êtes directement confronté à cette nébuleuse.

D. M. – L'idée de base du *New Age* est assez surprenante : l'humanité serait au seuil d'une mutation radicale, parce que le changement de millénaire s'accompagne d'un changement d'ère astrologique ! De l'ère des Poissons, qui correspond aux deux mille ans de christianisme, âge des guerres de religion et des massacres idéologiques, l'humanité passe à l'ère du Verseau, âge d'une prise de conscience universelle et d'un développement inouï du potentiel humain. Paix et épanouissement pour tous ! Ce sera le second avènement du Christ dont les « énergies » sont déjà à l'œuvre parmi nous, dans le foisonnement des multiples recherches psychologiques et spirituelles de notre époque. Les réseaux sont là pour hâter la grande mutation de l'humanité.

P. A. – Cet âge d'or sera spirituel. Pour le *New Age,* la véritable spiritualité est en train de naître sur les décombres des religions traditionnelles qui n'étaient qu'un cocon dont l'humanité sera enfin arrivée à se débarrasser. Dans ce mouvement comme dans ceux qui l'ont précédé, on trouve la conviction qu'il y a beaucoup de réalités cachées, qui sont plus importantes que la réalité visible. Selon l'ésotérisme, il existe tout un invisible mystérieux qui nous influence.

D. M. – L'idée n'est pas originale ; on la trouve aussi dans toutes les religions. Vous aussi, en tant que chrétien, vous croyez à un monde invisible qui influence le monde visible.

P. A. – Il est plus exact de dire que beaucoup de religions ont été touchées par l'ésotérisme. D'autre part, l'ésotérisme est une connaissance de prétendues forces invisibles, connaissance réservée à un milieu fermé d'initiés, et la Révélation chrétienne est tout le contraire : la Bonne Nouvelle chrétienne doit être connue de *tous* les hommes, pour les libérer. Enfin, l'invisible auquel je crois est bienfaisant et bienveillant.

D. M. – Dans le *New Age* aussi, l'invisible est bienfaisant et bienveillant.

P. A. – Parce que vous appelez « bienfaisante » la fusion promise de votre personnalité dans un Grand Tout cosmique anonyme ? Fusion ? Cette perspective me donne le frisson, car j'ai la passion de la communion ! Et « bienveillant » ! Des énergies cosmiques et un Grand Tout ne veillent sur rien et ne sont capables de rien personnellement pour vous. Le

Dieu auquel je crois est un Être personnel, bienveillant, qui m'aime, moi, tel que je suis.

D. M. – Ce mirage de fusion évoque la nostalgie du sein maternel. L'homme moderne voudrait bien nager douillettement dans la chaleur d'un liquide amniotique universel, et pour toujours. Mais, parce qu'il est définitivement né, il lui faut affronter le froid de la réalité extérieure et l'existence des autres, et donc se différencier, s'individuer, ce qui lui donne bien du tracas ! Aucun retour en arrière n'est possible. Le gnosticisme procède-t-il de la même logique ?

P. A. – Le gnosticisme a existé dès le Ier siècle. Au moment où l'Église s'est répandue dans l'Empire romain, déjà la gnose se trouvait partout. Cependant, le mot « gnose » est ambigu. Étymologiquement, il signifie « connaissance ». La gnose dont parle saint Paul est une connaissance supérieure qui donne la sagesse. Elle a été admirablement développée dans les cercles d'Alexandrie aux IIe et IIIe siècles. Mais il est une caricature de la gnose que j'appelle « gnosticisme ». Cette caricature n'a cessé de se développer depuis des siècles et elle est très virulente aujourd'hui. Proliférant comme un cancer, le gnosticisme envahit le terrain religieux et multiplie ses élucubrations : « avatars christiques », « dégradations successives » et « purifications progressives »... Tout un monde réservé aux seuls initiés. Un gnosticiste contemporain célèbre, à qui un journaliste demandait s'il avait la foi, avait répondu d'un air entendu : « Je ne crois pas, je sais. » Le savoir ! Nous retrouvons ainsi la trinité noire, comme nous la retrouvons dans la magie.

La magie veut avoir des pouvoirs pour influencer les autres. Quand on a des secrets magiques, on peut, par ces pratiques magiques, agir sur les autres. La magie est prétention d'un pouvoir.

L'occultisme est le goût et la pratique de tout ce monde caché, ténébreux, obscur... L'occultisme et la sorcellerie sont répandus aussi dans nos pays normands et bretons. En France, il existerait – paraît-il – une « traînée noire », une bande de sorcellerie qui s'étendrait sur toute la Basse-Normandie, le Poitou jusqu'à Bordeaux. Mystérieusement, dans le peuple, cela existe depuis toujours. On reçoit des gens qui vous disent : « On a dû me jeter un sort parce que c'est incroyable, toute la succession des malheurs qui s'abattent sur moi ! »

D. M. – À la consultation de psychiatrie, il n'est pas rare d'entendre ce genre de discours.

De deux choses l'une ; ou bien le patient est ouvertement délirant et le diagnostic est assez simple, ou bien il ne délire pas et... le problème devient très compliqué ! Dans ce cas, le patient n'ose pas nous avouer qu'on lui a jeté un sort, parce qu'il a peur d'être pris pour un fou ! Mais il vient nous voir parce que, bien souvent, il a déjà essayé le désenvoûtement traditionnel, sans succès !

Les sorts sont des phénomènes de communication. Un message est envoyé qui a la forme d'une prophétie, mais sa simple énonciation fait que cette « prophétie » se réalisera automatiquement. Par exemple, des parents disent d'un enfant qui boude : « Cet enfant aura mauvais caractère plus tard. » Résultat : les parents risquent de rigidifier leurs attitudes face à un enfant qui est déjà, pour eux, celui-qui-aura-mauvais-caractère-plus-tard. Un sort pèse sur lui ! L'avenir donnera naturellement raison aux parents : « Nous l'avions bien dit ! »

Le sort a aussi un sens psychologique à comprendre à partir de la problématique affective du sujet. Par exemple, la conviction du sort peut relever d'un besoin d'autopunition. Pour nous exprimer, nous prenons les matériaux culturels à notre disposition. Si mon milieu culturel est familier des sortilèges, j'exprimerai plus aisément mon mal-être sous cette forme.

P. A. – Et le spiritisme, les tables tournantes, l'évocation d'esprits ! Quand il était à Guernesey, Victor Hugo s'adonnait au spiritisme et l'esprit lui répondait. Mais l'esprit parlait en poète et avec le style de Victor Hugo. Il y avait donc une sorte de dédoublement révélateur.

Mais passons au plus inquiétant de la nébuleuse EGMOSSS : le satanisme. Bien sûr, on ne peut pas se livrer à une enquête sur les messes noires, les pactes et toutes les pratiques diaboliques, qui sont des réalités. On serait effrayé si l'on savait tout ! Les journaux ont parlé récemment de jeunes, en Allemagne, sous influence satanique, qui ont perpétré un crime horrible. À Londres ou dans des grandes villes d'Amérique, des adeptes de Satan ont commis des horreurs et en commettront encore.

D. M. – Comme scientifique, j'admets la fréquence actuelle des phénomènes sataniques, mais la question de l'existence d'un être nommé Satan est religieuse. En revanche, je sais toute la sophistication et la puissance des images mentales que nous sommes capables de créer pour nous illusionner. Ne suffirait-elle pas à expliquer ces phénomènes ?

P. A. – En ce qui concerne ces phénomènes, l'approche est d'abord empirique et pragmatique. On est frappé par des faits qui se produisent et que même le médecin peut constater. Par exemple, certains cas de possession, inexplicables scientifiquement, posent au médecin un grand point d'interrogation.

Le Diable, Satan, divise. En grec, *diabolos* est le diviseur. « Diviser » : vous voyez comme cela résonne avec « éparpiller ». Satan est l'accusateur. Ce soupçonneux perpétuel agit toujours en jetant le soupçon. Trois mots résument ma vue sur Satan : *passion, permission, démission*. Cet ennemi de Dieu est passionné pour le mal, et le mal absolu, celui qui tue. Cette passion, dans les deux sens du mot, le possède et le mine : c'est le poids qui le meut et la peine qui le ronge. « Lion rugissant » ou « chien enragé », il nous tuerait s'il le pouvait mais il est enchaîné dans les limites de la permission de Dieu. Aussi, le Diable ne nous atteint que si nous entrons dans son jeu, par démission de notre vérité d'enfants de Dieu. Il est toujours malaisé de parler de Satan, cet être subtil et terrible, astucieux et logicien, stupéfiante énigme ontologique, contradiction vivante, écartelé subsistant, car il est à la fois fait pour Dieu

– et il le sait – et figé dans son « Non » absolu. Mais délaissons ces noires profondeurs...

D. M. – Ésotérisme, gnosticisme, magie, occultisme, sorcellerie, spiritisme et satanisme : pourquoi ces phénomènes ont-ils une telle ampleur aujourd'hui ? L'homme est un être rationnel et aussi un être affectif. Il cherche du sens, n'en trouve pas dans la société actuelle et n'est pas satisfait par la vie qu'il a. Alors il se réfugie dans l'imaginaire où il trouve des « paradis artificiels ». Au fond, la drogue et l'alcool viennent combler les mêmes manques que la magie, le spiritisme et tout le reste de la nébuleuse EGMOSSS.

P. A. – Si l'homme est un chercheur de sens, comment s'étonner du succès des « donneurs de sens » qui pullulent de nos jours ? Ceux-ci servent des miettes de sens éparpillées, des sens différents ou des sens extravagants que les hommes « gobent » ici ou là. L'homme est ainsi fait : questionnant sans cesse, il cherche, s'encombre, s'éparpille et s'énerve ; mais dans cette course fiévreuse, il perd la sérénité dynamique que donne une quête saine et vraie du sens de l'homme. Cette ruée fébrile vers l'étrange, l'occulte, le mystérieux ou le ténébreux « travaille » l'esprit et le cœur d'hommes modernes avides de savoirs et de pouvoirs. Ils en sont vite possédés, possédés par leurs possessions. La société moderne fabrique des besoins toujours nouveaux, mais ces besoins sont induits, produits et provoqués. Jamais, dans toute son histoire, l'humanité n'a eu autant de pouvoir pour créer des besoins artificiels. Ils laissent l'homme insatisfait et, l'encombrant, empêchent sa personnalité de parvenir à sa maturité.

D. M. – Ces besoins artificiels le laissent insatisfait parce que l'homme reste dans une logique de besoin à combler, de manque à colmater, au lieu de passer du besoin au désir par la frustration nécessaire, librement supportée. Il nous faut toujours une tétine à la bouche, et on nous propose aujourd'hui des tas de tétines à sucer. Laquelle choisir ? Voilà notre problème. Nous ressemblons à l'âne de Buridan qui mourut de faim et de soif, faute d'arriver à déterminer s'il commencerait par l'eau ou par l'avoine qui se présentaient tous deux à lui.

P. A. – *Fragmented man* : l'homme actuel est attiré de tous côtés. L'enfant surtout ; quand Noël arrive, il est la cible de choix du matraquage publicitaire qui entretient, réactive, intensifie et exacerbe la fièvre du « toujours plus » en suscitant des besoins artificiels. Certains de ces jouets, sophistiqués, peuvent être néfastes, quand ils plongent les petites têtes dans un imaginaire glacial et brutal, et d'autant plus quand le partenaire de jeu n'est qu'une console électronique. Alors on s'amuse tout seul, ce qui favorise l'individualisme déjà si actif en notre temps : narcissisme ; « moi, moi ! » La consommation est une fièvre. Aujourd'hui, la crise économique sévissant, la relance de la consommation semble être élevée au rang de vertu civique ! « Consommez ! consommez ! et tout ira mieux ! »

D. M. – Mais la consommation n'est-elle pas une vertu civique ?

P. A. – Ah non ! Le partage, oui ! La consommation est une exagération qui ne satisfait que des besoins artificiels toujours nouveaux. Regardez la crise du marché. L'homme encombré est un être saturé. La saturation engendre l'insatisfaction généralisée et le soupir s'élève : « À quoi bon !... j'ai satisfait tant de besoins, on me matraque pour des besoins nouveaux, à quoi bon ?... »

D. M. – Les gens achètent moins parce que, vu les possibilités de leurs appareils, ils ne peuvent que les sous-utiliser. Cette raison a été citée comme une des origines de la crise. J'ai acheté l'an dernier un micro-ordinateur et je n'utilise que 10 % de ses capacités. Ces 10 % me suffisent amplement et le modèle que j'ai n'est déjà plus au catalogue de la marque. On me propose quelque chose de mieux : à quoi bon ? Mon magnétoscope a sept ans, je ne me sers que de quelques fonctions, toujours les mêmes. À quoi bon en acheter un plus moderne ?

P. A. – Et maintenant, quels seraient les remèdes ? Quelles seraient les parades contre cet ennemi moderne : encombrement, éparpillement, énervement ? Moi, je dis franchement que le grand remède, c'est la prière. Qui prie se désencombre. Qui prie s'unifie. Qui prie s'apaise. Qui prie vit.

D. M. – Pour prier, il faut être croyant et le croyant est un homme comme les autres. Alors, s'il est déjà encombré, éparpillé et énervé, comment peut-il trouver des moments pour prier ?

P. A. – Il faut apprendre à *dire stop* ! Un stop fort, énergique, décidé ! Un non ferme à cette fièvre des trois E, pour accueillir la « grâce des alternances ». C'est sans doute un des bienfaits de notre horaire monastique : liturgie, lecture et travail alternent selon un rythme équilibré et varié. Une activité repose de l'autre et inspire un nouvel élan. Contre l'ennemi des trois E, cette « grâce des alternances » offre paix, unité et sérénité dynamique.

Oui, il faut simplifier pour unifier : c'est le vrai sens de l'efficacité. Un jour, je parlais de techniques pédagogiques avec un jeune éducateur : « À mon avis, lui dis-je, la clef du succès, la voici... » Et lentement, sur un petit papier, je lui traçai six lettres, SUCCES : simplicité, unité, continuité et créativité en synergie. Sa réaction fut immédiate. Il saisit le papier et, aussitôt, heureux, il l'emporta.

Si l'on veut lutter efficacement contre l'ennemi, il faut la *simplicité*. La simplicité est maîtrise de l'être sur l'avoir. Elle est éducation à la vraie liberté responsable, qui passe par un entraînement à la préférence. Chaque fois que j'ai le choix entre deux comportements, deux décisions ou deux rendez-vous et que je ne sais pas lequel choisir, surgit alors l'un de ces ordinaires conflits de la vie quotidienne, si fréquents. De deux chemins possibles, je préfère celui qui va le plus dans le sens du partage avec les autres. Je préfère celui qui va me donner plus d'être à celui qui va me donner plus d'avoir. Je préfère celui qui augmente l'amour à celui qui augmente mes possessions. La simplicité, urgence de la vie moderne, réclame un entraînement à la préférence. Elle est l'ascèse de la vie moderne. Ah, si l'homme moderne pouvait s'entraîner à la simplicité de vie ! Mais c'est tellement contraire à tout le mouvement général !

Unité : plus on unifie sa vie, plus on augmente sa capacité de concentration et de rendement.

Continuité : heureux celui qui creuse et poursuit son sillon avec obstination. Il ira très loin.

Si je veux que mon action ait un succès profond, il faut d'abord la *simplicité* de ma vie, l'*unité* de mon travail, la *continuité* de mon effort et enfin au lieu d'être passif, il faut sans cesse être *créatif.*

Pour être incessante, ma création doit se faire *en synergie* avec celui qui crée sans cesse, l'Esprit de Dieu : *simplicité, unité, continuité, créativité en synergie.*

Ma quête est spirituelle. Je crée en vivant avec l'Esprit de Dieu, en synergie avec Lui, dans un mouvement de création commun à Lui et à moi. Cette créativité est alors dans l'ordre des mystères de Dieu. Elle n'a plus de terme à sa progression. Elle croît toujours, et dans le sens de l'amour.

D. M. – Vous donnez là un idéal et vous montez encore rapidement sur des sommets spirituels. Vous indiquez les buts, mais vous ne dites pas comment y parvenir. Comment acquérir, par exemple, la simplicité ?

P. A. – En luttant contre l'encombrement et l'éparpillement qui nous menacent tout le temps. Tant de revues et de journaux nous arrivent (même chez les moines) et tenter de les lire tous serait une gageure. Celui qui s'efforcerait de lire un seul quotidien d'informations dans son entier chaque jour serait un éparpillé vite saturé. Il est très néfaste d'essayer de s'informer sur trente-six choses à la fois. C'est une perte d'intensité ; d'où la nécessité d'une ascèse de vie. L'ascèse moderne consiste dans la préférence systématiquement donnée à l'essentiel, et même à *l'essentiel de l'essentiel.* Nous sommes tellement sollicités par tant d'informations !

D. M. – Faut-il donc couper les sources d'informations ? Si vous prescrivez de supprimer les journaux, la télévision, la radio et le téléphone, vous nous faites retourner au siècle dernier ! La simplicité consiste-t-elle à renoncer aux acquis modernes ?

P. A. – Non, à en profiter au maximum. Là commence l'ascèse. Pendant des années et des années, j'ai accumulé : 2 000 dossiers, 1 500 petits recueils et de copieux fichiers. Mais voici qu'avec l'âge s'avive le désir de la vérité vécue. Alors s'affine la technique : simplifier pour intensifier. La sagesse n'est pas d'accumuler des papiers mais de communier à la vérité. On peut en effet entasser par passivité et ainsi fuir la créativité. Aussi, désormais, j'ai là, sous les yeux et dans la main, un petit recueil de feuillets mobiles que j'appelle mon « mémento d'évocations », pour une connaissance par familiarisation. La tactique est simple mais efficace. Au lieu de découper ou de photocopier un article, aussitôt j'en saisis l'essentiel et le résume en un style vif et imagé. Ainsi se crée un réseau, souple et vivant, de « vues » très évocatrices, pour une vie dans la simplicité, l'unité, la continuité et la créativité en synergie.

D. M. – En somme, vous avez découvert une sorte de stabilité féconde ?

P. A. – La grande grâce que le moine a reçue est d'être fixé dans ce lieu, le monastère, pour toujours, jusqu'à la mort. Il est lié à ce lieu par une promesse qu'il a faite en entrant, le vœu de stabilité. On est stupéfait du travail que l'on peut accomplir en vingt, trente ou quarante ans en restant au même endroit. C'est un travail continu, sans cesse poursuivi. Dans mon bureau, vous verriez une continuité assurée au fil des jours et des années. Les amis qui me connaissent depuis longtemps retrouvent la continuité de mes thèmes. Ils me disent : « Père, ce que vous aviez traité il y a trente ans se retrouve aujourd'hui, mais pris dans un autre mouvement. » Tout progrès humain est une ascension, et toute vraie ascension est en spirale.

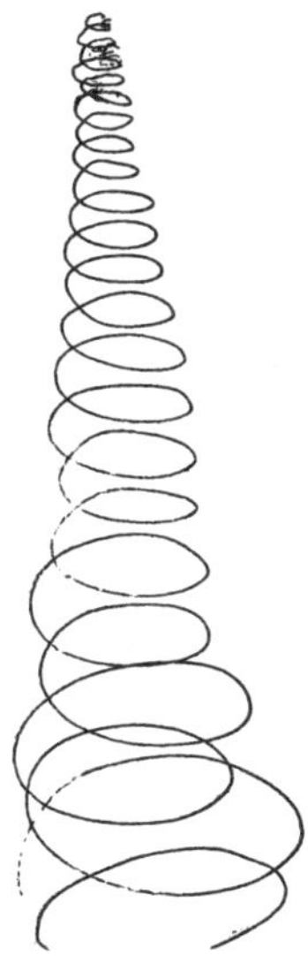

fig. 3

Toute vraie ascension, humaine et spirituelle, est une spirale qui monte en se resserrant et s'élance en s'unifiant (fig. 3). La durée de l'ascension en spirale, c'est votre histoire. Vous vous construisez dans et par le temps. Au début de votre vie, la base est large, puis, toute votre vie, vous repassez par des expériences que vous avez déjà connues, mais chaque fois que vous y repassez, le contexte est différent, ce qui modifie l'expérience. C'est chaque fois un peu plus concentré, un peu plus dense, un peu plus riche, un peu plus fructueux. Vous repassez un peu plus haut, un peu plus près de l'axe, un peu plus près du but. C'est un processus continu et vous vous simplifiez de plus en plus.

Qui aura l'héroïsme de s'astreindre à cette ascèse du vrai succès ? Celui qui combat pour la simplicité obtiendra l'intensité. Qui combat pour faire l'unité dans sa vie augmente l'intensité de sa vie. Qui s'astreint à une continuité donnera une intensité à sa vie qu'elle n'aurait pas eue autrement. Mais le principal est cette créativité qui, sans cesse, repense, recrée et construit.

D. M. – Tout repose sur une décision personnelle : pour conquérir le vrai succès, il faut le vouloir mais il faut le vouloir chaque jour, faute de quoi on risque d'être à nouveau emporté par l'encombrement, l'éparpillement et l'énervement. La routine est capable d'anéantir les plus belles et les plus raisonnables résolutions. La monotonie du quotidien est le plus puissant des diluants.

P. A. – Chaque matin, je commence en la quête du sens.

Chapitre 3

L'homme a-t-il un sens ?

Dominique MEGGLÉ – Mais y a-t-il seulement un sens à chercher à ce que nous vivons ? Si tout n'était qu'illusion ? Et la vie, et l'univers, et l'homme... Et si même cette question du sens n'avait pas de sens ? La quête d'un sens est peut-être le plus ancien et le plus tenace des mirages qui hante l'homme, et en définitive une perte de temps. Mieux vaut vivre dans l'action sans se poser trop de questions. Dans cette perspective, la religion n'est qu'un calmant pour les lâches qui se refusent à affronter le non-sens total de l'existence humaine. Et si nous ne sommes rien, quelle garantie pourrions-nous avoir que même la science moderne, dont nous sommes si fiers, est un véritable savoir sur quelque chose ?

Père AMÉDÉE – Pourtant l'homme cherche sans cesse, il est avide de savoir, il est douloureusement travaillé par le savoir, il veut connaître le sens de son existence.

D. M. – Pour trouver un début de sens à l'existence, il faudrait d'abord établir que les phénomènes observés dans la nature tendent vers un but, mais toute la pensée moderne a démontré le contraire : la finalité est un mythe, une construction artificielle de l'esprit humain, lequel, pour ainsi dire, voit toujours les choses comme il a envie de les voir, et jamais comme elles sont, parce qu'il en est incapable. Rien n'a de but, et ce que dit l'homme n'exprime que lui-même, c'est-à-dire rien.

P. A. – Alors l'homme est-il voué à l'absurdité ? En ce monde actuel, l'absurdité prolifère. L'animal suit très sûrement son instinct et le « mammifère humain » serait, lui, livré à un destin insensé ? Dans son élan, il n'aurait que tourment ? Les nihilistes comme Samuel Beckett suppriment tout espoir : il ne reste à l'homme qu'à s'engluer dans l'isolement, s'enliser dans le sable et finir dans un trou, car la vie est vide ; jeté dans le désert et le noir, l'homme est un être abandonné à son sort insensé. Et si, comme le dit Cioran, « tout est rien, y compris la conscience du rien », alors même la philosophie est réduite à néant. D'où tentation du vertige et répétition de la négation jusqu'à l'ivresse. Pourtant, l'homme cherche, cherche sans cesse.

D. M. – Un certain nombre de psychiatres, tels Édouard Zarifian et d'autres, sont inquiets des risques de dérives de notre spécialité. La souffrance psychique est universelle : tout homme, à un moment ou un autre, est affecté de tristesse, d'inquiétude, d'irritabilité ou d'autres sentiments pénibles liés aux infortunes et aux malheurs de la condition humaine normale. Ce sont des problèmes existentiels, particulièrement intenses de nos jours, mais ce ne sont pas des maladies mentales ; ils ne sont donc pas du ressort de la psychiatrie, qui est une branche de la médecine. Or, sont apparues de plus en plus de molécules capables d'agir efficacement sur le cerveau et de modifier nos sentiments et nos pensées. Ces produits fascinants représentent un marché financier considérable : les sommes investies dans la recherche pharmacologique et dans la diffusion auprès des « consommateurs », médecins et clients, sont énormes. Dès lors, la tentation de médicaliser à outrance les problèmes existentiels est très forte et notre société y a déjà en partie succombé. Demain serait possible la manipulation de plus en plus totale du psychisme des citoyens grâce à ces produits. Par la psychiatrie ainsi dévoyée, la société pourrait contrôler les individus bien plus efficacement que par tous les moyens coercitifs déjà tentés dans le passé par les régimes les plus totalitaires de l'histoire.

En fait, nous sommes devant un choix radical que personne n'ose envisager franchement. Ou bien la vie humaine n'a pas de sens et nous devons en tirer les conséquences : anesthésier psychiquement la population avec nos produits chimiques, comme le faisait autrefois la religion avec sa liturgie, devient un devoir éthique ; il n'est pas tolérable en effet de laisser souffrir les hommes pour rien alors qu'on a les moyens de les soulager. Ou bien nous refusons ce « meilleur des mondes », mais nous ne pouvons nous révolter qu'en retrouvant des valeurs qui nous fournissent des raisons de vivre.

P. A. – N'y aurait-il pas dans ce dilemme, l'indice justement d'une finalité, l'indice que tout ce qui tourmente l'humanité souligne ou suggère un sens ?

D. M. – La question du sens est très difficile pour les cliniciens, parce qu'ils n'y ont pas été formés. L'université leur apprend à appliquer des *techniques* psychothérapiques, chimiothérapiques et sociothérapiques. Elle n'enseigne pas à tenir compte, dans les soins, d'une éventuelle finalité ou d'un possible sens à la vie. « Le CHU » n'apprend pas « la CHU » : « le centre hospitalier universitaire » n'apprend pas « la condition humaine universelle ».

P. A. – La science classique s'attache aux faits bruts.

D. M. – Elle tente de comprendre quel mécanisme psychologique, chimique ou social s'est déréglé, et comment s'est produit le dérèglement. Ce n'est pas si mal ! Cependant, elle regarde en arrière, puisqu'elle cherche les causes dans le passé. Elle ne regarde pas en avant, à la recherche d'un but qui pourrait être source du trouble. Nous sommes comme des garagistes qui connaîtraient bien les lois du moteur à explosion, mais ne sauraient pas à quoi sert une voiture. Ils ignoreraient qu'une voiture sert à se déplacer rapidement d'un endroit à un autre.

P. A. – La perspective suggérée par la microphysique la plus moderne laisse songeur : selon celle-ci, il y aurait parité entre les différents moments du temps, le passé, le présent et le futur. N'est-ce pas étonnant ?

D. M. – On retrouve cette idée dans l'école jungienne de psychanalyse. J'ai du mal à entrer dans cette pensée-là, parce qu'elle aboutit à une confusion entre mondes physique et spirituel. Entre cette « parité » et l'éternité, où est la différence ? J'entends des physiciens prétendre que les atomes sont des entités spirituelles qui pensent ! On arrive alors à ce que vous appelez le « gnosticisme ». Ces scientifiques ne s'en cachent pas, d'ailleurs. Non, nous avons besoin de distinctions claires.

P. A. – Cette façon de concevoir le temps et l'espace est toute une révolution, mais le problème est posé de manière tellement subtile qu'on n'ose pas aller plus loin. Aujourd'hui contentons-nous de mettre un petit point d'interrogation.

En effet, la question du sens ne surgit pas d'abord de la pensée des intellectuels, mais des « cris de la vie ». C'était le titre donné par Ménie Grégoire au livre tiré de ses émissions radiophoniques. Que de vies crient ! Ce cri est un appel, l'appel à un sens. Priorité doit donc être accordée au réel pour traiter correctement la question du sens. Même quelqu'un qui a « perdu le sens » cherche toujours un sens à ce qui lui arrive et le justifie, et quand l'homme ne trouve plus de sens, c'est le drame. En 1987, Dalida se suicide. Elle disparaît avec cette question : « À quoi bon ? » Son dernier mot : « Je n'en peux plus.

La vie n'a plus de sens. » Et ce drame affreux au bord de la Moselle en octobre 1970 : un lycéen se suicide en obligeant un de ses camarades à le tuer avec un colt. Sur son dernier billet : « Tu comprends, après la mort, il n'y a rien. Donc, aucun sens ! À quoi bon vivre ? »

D. M. – La seule chose importante aux yeux du suicidant est le sens qu'il veut exprimer par son geste. Il le tente pour appeler à l'aide, pour fuir une situation intenable ou encore pour expier une faute réelle ou imaginaire, se sacrifier, voire se venger. On se suicide toujours « pour » quelque chose. Les conduites aberrantes (toxicomanies, alcoolisme, automutilations, fugues) ont toutes un sens qui les motive.

P. A. – Le problème se pose de la manière suivante : nous avons d'un côté l'homme et de l'autre la société. L'homme concret face au réel, lui, est toujours quelqu'un qui cherche du sens, et aujourd'hui la société postindustrielle n'a pas encore franchi le seuil du sens. D'où la crise de tous les côtés. Dans son livre *Le pavillon des cancéreux,* à coups de faits très réalistes, Soljenitsyne fait surgir les cris de la vie même dans ce mouroir. Alors que ces gens sont « finis » et mis de côté, les uns après les autres, ils se demandent : « Pourquoi, pourquoi ? Qu'est-ce que la vie ? Qu'est-ce que le bonheur ? Qu'est-ce que l'homme ? »

D. M. – Si je devais résumer d'une phrase la question que posent en filigrane tous les patients au-delà de la variété des symptômes et des tableaux cliniques qu'ils présentent, ce serait celle-ci : « Quelles raisons essentielles puis-je bien avoir de vivre ? Pourquoi cette vie-là ? » J'ai l'impression que cette interrogation est l'unique, indéfiniment répétée sous des milliers de formes différentes.

P. A. – À défaut de sens, l'homme se retrouve enfermé dans un monde clos sur le non-sens. Il peut hurler son désespoir ou bien tomber dans le vide en succombant à l'attrait du néant et à la folie de la mort. Cet horrible suicide collectif en Guyana il y a quelques années, et plus récemment ceux de Waco aux États-Unis et de l'ordre du Temple solaire en Suisse, ou même ce film terrible *Les nuits fauves*, représentent la frénésie du non-sens. Il arrive un moment où je me dis : « Foutu pour foutu, je me fous de tout ! », et la seule perspective qui reste ouverte, c'est l'abîme.

D. M. – Quand un homme souffre, rien ne lui est plus insupportable que de ne pas trouver de sens à son état. Par exemple, le névrosé obsessionnel a des pensées incoercibles qui lui répugnent ; il n'en veut pas, mais elles s'imposent impitoyablement et elles l'épuisent. Il est prêt alors à entendre les explications les plus farfelues de son état, celles des charlatans ou même... celles des psychothérapeutes ! Elles lui paraîtront plausibles et, donnant un semblant de sens à sa souffrance, le soulageront un moment : « Si je suis comme ça, c'est parce que... Enfin, je sais pourquoi ! » Nos patients se sentent immergés dans (disait Freud) une « inquiétante étrangeté ». Ils sont prêts à tout pour y échapper : lutter contre les obsessions pour les chasser de la conscience, délirer ou même se suicider. Le délire est illusion de sens. Grâce à lui, le délirant croit avoir compris pourquoi il est aussi malheureux : « Si je suis comme ça, c'est parce que des espions sont sur ma piste... » Illusion de sens à usage privé, incommunicable aux autres, le délire rend le malade étranger à ses congénères, ce qui définit, étymologiquement, « l'aliénation ».

P. A. – La complexité de son objet rend malaisée la quête du sens : les voies de recherche sont très différentes, et les sens proposés très divers. Aujourd'hui, les donneurs de sens sont nombreux et si subtils : voyez toutes ces sectes ! Ensuite malaisée est la quête du sens à cause de l'ambiguïté du sujet : l'homme, qui est si divers, si ondoyant et si souvent victime de ses représentations mentales.

D. M. – Je cherche un sens, mais je le cherche d'après *mes* vues, *mes* désirs et *mes* images, qui ne sont pas ceux d'un autre.

P. A. – L'homme d'aujourd'hui se cherche. Il est en morceaux, disloqué. Précédemment, nous parlions de *fragmented man*. Or, dans un article sur le film *Les nuits fauves,* je viens de trouver cet aveu de Jean (Cyril Collard) : « Je suis fait de morceaux de moi-même, des morceaux éparpillés puis recollés ensemble, n'importe comment ! »

D. M. – Que d'adolescents aujourd'hui se sentent écartelés, fragmentés, démunis de points de repères et de modèles d'identification !

P. A. – La quête du sens est une aventure si malaisée, et l'homme s'en va donc sur les sentiers, être interrogeant sans cesse... c'est son élan et son tourment...

D. M. – ... mais il ne peut pas faire autrement que d'interroger puisqu'il n'y a aucune réponse universellement admise à sa question. Dix fois par jour, j'entends : « Docteur, je suis déprimé, je panique, j'ai des angoisses, pourquoi ? » Le plus souvent, les patients cherchent la cause de leur état actuel dans le passé, pensant que l'y découvrir les guérira. Quelle erreur ! Savoir que si je suis ainsi aujourd'hui, c'est, par exemple, « parce que, dans mon enfance, Papa n'a pas été assez affectueux avec moi », ne change rien au présent. Le seul résultat est que je m'enferre en les ruminant dans des vieilles rancœurs, alors que le passé est inchangeable. De plus, je ne peux voir mon passé qu'avec mes yeux d'adulte. Je ne découvrirai jamais le passé « pur », tel qu'alors je l'avais vraiment vécu. S'y intéresser n'est utile que si cela m'aide à prendre une autre attitude dans la vie aujourd'hui pour me préparer un meilleur avenir, ce qui est loin d'être toujours le cas.

P. A. – Ce que vous dites de vos malades est paradoxal et significatif : c'est en termes de projet d'avenir que l'homme parle du sens de sa vie. Qui refuse le sens choisit le non-sens. En morale, le « sens » est le mot le plus lumineux. La morale est l'art de donner sens à sa vie et d'éviter à tout prix que l'existence humaine soit un non-sens.

D. M. – Ne parlez pas de morale, mais d'« éthique », qui est une notion plus facile à accepter que la vieille « morale ».

P. A. – Quand un spécialiste dit qu'il étudie l'éthique, on lui accorde une grande considération. S'il dit qu'il étudie la morale, on le prend en commisération comme un fossile d'un autre âge ou bien même on lui est d'emblée hostile. En fait, les deux termes sont synonymes, et la seule nuance est que l'on peut parler d'éthique à la manière anglaise, *ethics,* c'est-à-dire qu'il existe des éthiques suivant les domaines ou suivant les déontologies : éthique médicale, éthique professionnelle, éthique éducatrice.

D. M. – Il n'empêche que tout psychologue cale sur la « morale ». Il veut comprendre un comportement, et non pas le juger. Et pourtant !... on sait à présent que l'élément le plus essentiel pour la réussite d'une psychothérapie est la qualité morale du thérapeute. Une thérapie « marchera » mieux si celui-ci est honnête, discret et chaleureux. Il a fallu beaucoup d'études pour démontrer cette évidence. Mais nul n'osera jamais parler de morale dans notre discipline.

P. A. – Vos collègues ignorent que la véritable morale est une science et un art. Elle est l'art de donner sens à sa vie.

D. M. – Peut-être, mais elle est faite de commandements, de normes et d'interdits. Tout cela va à l'encontre de la liberté, donc du bonheur de l'homme.

P. A. – Au contraire ! La morale, c'est l'art d'être humain. Elle est *la* science de l'homme. Comment l'homme peut-il être de plus en plus humanisé ? En donnant un sens de plus en plus fort à sa vie, et la morale lui indique comment.

D. M. – Comment la morale donne-t-elle sens à la vie ?

P. A. – Elle donne un sens parce que je suis désir. La véritable morale pour moi va être la vocation de mon devenir humain de plus en plus humanisant. J'explicite. Être de plus en plus humain est ma vocation. En tant qu'être humain, je suis appelé à être de plus en plus humain. Je suis un être attiré vers ce but et j'y suis attiré en toute gratuité. Je suis aussi un être unique fait non pour la mort mais pour la vie, et destiné non à la corruption mais à la communion.

L'aventure de la morale est l'aventure de ma liberté. Ma liberté ? C'est ma réponse à une vie plus humaine. Le sens n'est pas du « tout-donné » : il est appel de vie et quête de liberté. Il inspire un désir et suscite ma décision : engagement personnel pour un devenir plus humain. Là est ma responsabilité. Cela me permet ce passage *du déjà-là*, ce que je suis, vers ce que je ne suis pas encore, *vers un au-delà* sans limite.

Tout cela ne se réalise que si, d'abord, j'accueille le réel tel qu'il est. La quête du sens est passionnante, car elle oriente ma vie, la réjouit et l'accomplit. Mais en même temps, étant une quête, elle est aussi une aventure éprouvante, parce qu'elle m'amène à de nécessaires compromis. Si je voulais les éviter, il me faudrait supprimer la condition humaine. La conduite morale amène à des nécessaires compromis : il est des situations où, d'un côté, je suis sollicité, et de l'autre aussi. Je dois alors, parmi les possibles, choisir le meilleur ou accepter le moins mauvais.

D. M. – « Compromis » est un terme ambigu, qui m'étonne de votre part : il suppose que, pour faire face aux exigences de la vie, on doit trouver un juste milieu entre le bien et le mal afin d'avoir l'attitude la plus efficace en fonction du but visé. La fin justifie-t-elle les moyens ? La différence entre compromis et compromission est ténue.

P. A. – Ah non, attention ! Ne nous ravalons jamais dans les compromissions. Les compromissions sont immorales. Elles font devenir moins humains. Ce sont des désertions au cours du chemin ardu de ma quête. Mais si je mène la vie concrète, je suis obligé de régler mes compromis et ils ne sont pas faciles à vivre : il y a des maux que je ne veux pas, et entre deux maux je dois tolérer le moindre, pour échapper au plus terrible, faute de pouvoir choisir le bien que je voudrais. Tels sont les compromis dont je parle et toute vue réaliste de l'existence doit les prendre en compte, tout comme elle doit prendre en compte la vitale acceptation de l'inévitable quand c'est nécessaire.

Toute vie humaine prend, à un moment ou un autre, une intensité extraordinaire, où l'homme est devant quelque chose d'inévitable qu'il aurait voulu éviter à tout prix et qui s'impose à lui, inéluctablement, une maladie grave, sa mort ou celle d'un proche par exemple. L'acceptation, poussée à l'extrême, est l'essence du problème moral et sa cime. Elisabeth Kübler-Ross, qui a beaucoup travaillé avec les malades en fin de vie, décrit les cinq étapes par lesquelles passe le patient : il refuse l'échéance, se révolte, tente de marchander, déprime. L'ultime étape est l'acceptation paisible. Elisabeth Kübler-Ross essaie toujours d'y amener les mourants. Enfin, ce qui est le plus important : il faut aussi que j'accepte d'être accepté par Dieu, alors que je fais l'expérience que je suis inacceptable pour moi-même. Donc, cette quête du sens est passionnante et éprouvante, puisque je dois aller jusqu'à l'acceptation de l'inacceptable. Que de fois dans la vie il faut en arriver là !

D. M. – Tenter d'accepter est un effort que je m'impose à moi-même. Si, déjà, j'arrive à m'accepter tel que je suis, pourquoi voulez-vous qu'en plus je me pose la question de Dieu ?

P. A. – Dieu est le sens unique et ultime de toute destinée humaine, mais toujours dans le respect de la liberté que Lui-même a créée. Il est là, toujours là, inclinant mon cœur vers « l'unique nécessaire », sans violenter le sens immédiat préféré par moi-même. C'est un fait massif : les cheminements humains vers le sens divin comportent tant de choix tâtonnants, de splendides générosités certes, mais aussi tant d'options égoïstes ou mesquines, de déviations risquées et d'expériences décevantes ou cruelles. Mais Dieu est toujours là, toujours discret, toujours aimant, toujours attirant. Combien d'athées, par exemple, affirment que le Ciel est vide mais voient dans l'Évangile un idéal de vie pour s'humaniser. « Si Dieu est mort, disait Michel Foucault en 1969, n'attendez pas que l'homme y survive longtemps. »

D. M. – Je n'aurais jamais cru une telle réflexion possible de la part de Michel Foucault, un des maîtres modernes du doute systématique ! Le problème des intellectuels modernes déçus par toutes les idéologies auxquelles ils avaient cru un temps a été bien résumé par un humoriste : « Dieu est mort, Marx est mort et moi-même je ne me sens pas très bien. »

P. A. – Que d'exemples encore on pourrait donner ! Ainsi l'artiste Denise Bosc dit, dans une interview pleine de vérité : « Si, à 20 ans, une voix sans appel m'avait convaincue de la non-existence de Dieu, je me serais tuée sur-le-champ, car ma vie n'aurait plus eu aucun sens. »

J'aime citer l'exemple très fort de Tatiana Goritcheva. Avec elle, on saisit le sens, peut-on dire révolutionnaire, de la foi en Dieu, exposé précisément par une révolutionnaire. Étoile de l'université de Leningrad, professeur de philosophie, Tatiana Goritcheva était un pur produit de l'athéisme marxiste. Elle était une femme « réussie » et « arrivée ». À 25 ans, elle est en proie à un spleen et une angoisse insupportables face au non-sens de l'existence. Professeur de faculté, elle a le droit de faire venir des livres d'Occident. Elle lit Sartre et Camus, et c'est le choc. Il est double : elle retrouve toutes ses interrogations et aucune réponse. Elle se met à chercher ailleurs et fait venir des livres sur le yoga. Dans l'un de ces ouvrages, elle trouve une expérience proposée au lecteur : « Essayez de vivre de tout votre être en expression corporelle une prière célèbre dans le monde entier, le Notre Père. » Elle commence l'exercice et voilà que se produit un choc inattendu, étrange, aussi merveilleux que mystérieux. Au fur et à mesure qu'elle essaie de vivre cette prière, elle sent la transmutation de son être profond. En quelques minutes, elle se découvre chrétienne, croyante. Elle ne peut plus s'arrêter de dire le Notre Père. Elle le dit cinq, six fois. Quand elle s'arrête, tout son être est changé. Elle l'a raconté des centaines de fois. L'histoire est authentique. Elle a changé sa vie. Menacée d'être internée, Tatiana a préféré l'exil.

Encore plus fort : l'exemple de ces jeunes soviétiques des années quatre-vingt. Ils fréquentent assidûment le musée de l'Athéisme de Leningrad. En fait, ils y cherchent secrètement, mais ardemment, des bribes d'Évangile et de Bible qu'on ne trouve que dans les livres antireligieux. La Parole de Dieu est citée dans les livres de la Ligue antireligieuse pour y être travestie et moquée. C'est dans de tels lieux que ces jeunes découvrent une parole de Dieu qui change leurs vies.

D. M. – Les anecdotes que vous citez seraient faciles à contrecarrer par qui n'a pas la foi. Nous sommes bien d'accord sur le fait que l'homme est un être qui a faim et soif d'espoir, faim et soif de sens. Alors, quels conseils donneriez-vous aux hommes d'aujourd'hui pour qu'ils évitent le non-sens dans leurs vies et trouvent un sens à leurs existences ?

P. A. – Certes, la quête du sens est malaisée. Cependant, j'ose dire à tout homme, jeune ou vieux, bien portant ou malade : essaie d'abord d'aimer. Essaie d'aimer, car l'axe unique du devenir humain est l'amour. Si tu commences par essayer d'accomplir des tâches d'amour, c'est-à-dire rendre service, te dévouer aux autres, tu es dans le vrai sens.

Deuxième conseil : prends l'homme au sérieux et tu seras sur le chemin de Dieu. L'urgence pour ceux qui cherchent un sens ultime est d'abord de prendre l'homme au sérieux. Si je suis contre l'homme, je suis contre Dieu.

Troisième conseil : prie ! Prie comme tu veux, prie comme tu peux, mais prie car c'est la vie. La prière est l'activité humaine suprême. Quand tu pries, tu es dans la suprême relation, tu vis avec l'Être le plus merveilleux qu'on puisse rencontrer : Dieu.

Et enfin : essaie de t'engager dans la passion des préférences, à coups de liberté. J'ai toujours à la croisée de mes chemins, plusieurs fois par jour, des choix à faire, et c'est précisément ce que je trouve de plus passionnant.

D. M. – Vous aviez évoqué « l'entraînement à la préférence » comme clef du succès et maintenant, cet « entraînement » devient une « passion ». Est-ce vraiment le seul cheminement à adopter pour trouver un sens ?

P. A. – Face à un choix, je peux prendre la voie de la facilité, penser à moi-même égoïstement, me replier sur moi-même ou chercher à satisfaire mes besoins d'avoir, de savoir ou de pouvoir, ou bien prendre l'autre voie, celle qui m'humanise le plus et qui est le plus selon l'Évangile. Ma préférence ira toujours dans le sens d'un plus grand amour. C'est la voie suprême de l'humanisation. Ainsi, ma vie a de plus en plus de sens et elle est de plus en plus intense. C'est sans doute le signe d'une vie réussie lorsque arrivé à 50, 60, a fortiori 80 ans, on pressent que tout ce que nous avons vécu a un sens, et que ce sens progressif nous amène vers l'accomplissement total de notre aventure terrestre.

D. M. – Votre bonheur n'est possible que parce que vous avez la foi. La plupart de mes patients ne l'ont pas et pourtant, ils cherchent désespérément un sens.

P. A. – Le sens de la vie humaine est toujours une question de foi, pas seulement de foi religieuse, mais de foi humaine tout simplement. Quand je n'ai plus foi en moi ni en les autres, à ce moment-là je suis comme privé de sens. L'homme est un être que la foi fait vivre.

Je me souviens d'un congrès en février 1992 sur le thème « Science et foi ». Louis Leprince-Ringuet y fit sa double profession de foi, scientifique et chrétienne : « La première qualité de ma foi scientifique est la disponibilité et l'attention à l'imprévu. Soudain surgit un fait nouveau, contraire peut-être à mon hypothèse de travail : c'est là que se joue la découverte scientifique. Je dois être toujours prêt à accueillir l'imprévu. De même dans ma foi religieuse, je dois être sans cesse attentif au sens de la vie dans les événements surtout imprévus. La foi chrétienne est le oui à la révélation du sens le plus inouï. »

Dans cette aventure du sens, les poètes sont peut-être privilégiés, car ils sont inspirés. Pour Baudelaire par exemple, nous marchons dans une forêt de symboles : cette marche dans la forêt représente notre quête du sens. Cela est vrai aussi de la prière : nous devons y interroger Dieu jusqu'à la dernière question, celle du sens de l'existence.

Mon dernier mot va très loin : quel sens est valable pour toujours dans l'amour ? pour l'éternité ? C'est le sens de la gratuité absolue. Pour moi, le seul réel éternel, qui existait, qui existe depuis toujours, qui s'est manifesté et qui sera valable pour toujours, est l'inconcevable merveille de la gratuité absolue de l'Amour éternel. Le sens ultime n'est pas la corruption dans un trou, mais la communion à l'Amour éternel.

D. M. – J'apprécie la beauté de vos propos et j'en sens la sincérité. Cependant, je ne me vois pas disant à un patient : « Vous avez des problèmes ? Eh bien, ayez la foi et tout s'arrangera ! » Ce serait sortir de mon domaine de compétence, qui est scientifique, et ce n'est pas ce qu'ils attendent de moi.

P. A. – Bien sûr, je vais bien au-delà de ce que peut dire la science positive ou même la psychiatrie. Notre dialogue est pour moi un témoignage. Je ne peux pas (ce serait malhonnête) refuser de proposer, sans l'imposer, ce qui fait vivre vraiment les hommes. Je ne peux pas refuser de répondre à la question qui travaille tout humain : qu'est-ce qui me fait vivre ? qu'est-ce qui me fait « courir », comme on dit actuellement ? J'ai besoin, pour aller de l'avant, d'avoir un sens qui m'entraîne et m'accomplit !

D. M. – Donc, votre réponse définitive à la question : « Qu'est-ce qui me fait courir ? » est : « Le sens ultime n'est pas la corruption dans un trou mais la communion à l'Amour éternel » ?

P. A. – Ah oui ! Le premier et le dernier mot de toute ma théologie est le mot « communion ». De toute éternité est la Communion. Et voilà qu'un être divin, Jésus Christ, est venu sur terre, se faisant homme pour créer ce mystère qu'on appelle l'Église. L'Église est une communion qui vit de la Communion éternelle. Elle a pour mission d'entraîner toute l'humanité vers la communion universelle dans l'amour.

D. M. – En tout cas, ce n'est pas ce qu'elle donne à voir. L'Église est une institution qui connaît de graves dysfonctionnements, probablement parce que, trop vieille, elle n'a pas su évoluer avec son temps. Les querelles entre intégristes et progressistes, la contestation de nombreux prêtres et les polémiques sur l'ordination des femmes ne démontrent pas que l'Église soit vraiment une communion !

P. A. – Elle est un grand mystère, bien plus profond que ces disputes humaines et dans un témoignage comme celui-ci, je n'ai pas le droit de ne pas, au moins, suggérer la grande perspective qui nous fera vivre. Bien sûr, l'agnostique ou l'incroyant a une vue différente. Je n'aime pas le mot « incroyant ». Un incroyant est quelqu'un qui croit autrement. On peut croire autrement et être sûr d'avoir raison ; comme dit Pascal : « Cela dure un certain temps et jusqu'à un certain point. » Mais quand viennent les événements les plus drastiques de l'aventure humaine ou les questions les plus fondamentales qui engagent son existence même... alors surgit l'angoisse existentielle et l'interrogation sur l'éternité.

J'ai bien connu André Billy, de l'académie Goncourt. Nous avions des entretiens passionnants. Un jour, il me dit : « J'ai perdu la foi en 1916. » J'ai répliqué : « Oh non, votre cœur crie ! Dieu vous habite, Dieu est en vous ! » Il me répond : « Mais vous ne vous rendez pas compte ! que je me convertisse et que je retrouve mes collègues de l'académie Goncourt ? » Et je lui lançai allégrement la devise anglo-normande : « Honni soit qui mal y pense ! – Pertinent », dit-il en souriant.

Il arrive, hélas, que le non-sens emporte des humains en d'effrayants vertiges ! Dans *Les nuits fauves,* ce film sinistre, le héros principal, Jean, joue son va-tout : il se sait perdu ; alors, en une décision fatale, il joue la mort... de sa partenaire ! Jamais non plus je n'oublierai le film *Les derniers jours d'Hitler.* Berlin est assiégé, puis investi et tout brûle, tout s'écroule. Hitler et les siens se terrent, résolus au suicide, cependant que les autres nazis, réfugiés dans les souterrains du métro, se saoulent et dansent jusqu'à l'hébétude. Cette « foire infernale » est une frénésie de non-sens !

L'écrivain René Girard aime jeter un long regard sur l'aventure de l'humanité. Face au passé ? Que de « choses, dit-il, sont cachées depuis la fondation du monde » ! Face à l'avenir ? Depuis la lueur d'Hiroshima, un dilemme radical : « l'Évangile ou le massacre » ; aimez-vous les uns les autres, sinon vous allez vous égorger férocement. Hélas ! les massacres continuent sauvagement. Jusques à quand ? Depuis longtemps, pourtant, le Dieu vivant avait indiqué la voie de la vie et du bonheur : « Choisis la vie, la vie avec *Moi.* » Sinon, c'est la voie de la mort.

D. M. – Au Rwanda, nous avons vu des chrétiens s'entr'égorger.

P. A. – Cette guerre horrible est la démonstration de ce que peuvent faire les hommes aujourd'hui quand ils ne vivent pas l'Évangile. On n'est pas chrétien simplement parce qu'on est baptisé et qu'on va à la messe, mais quand on conforme, librement, toute sa vie, ses pensées, ses sentiments et ses réactions à l'Évangile. C'est un renouvellement de plus en plus profond de tout l'être. Nous sentons de plus en plus, grâce à la puissance médiatique, l'urgence vitale qu'est le choix d'un sens. Plus ardente est la quête du sens, plus l'existence est intense.

D. M. – Bien que le sens ne soit pas, comme vous dites, du « tout-donné », on peut malgré cela supposer que, vous, vous avez trouvé celui de votre existence puisque vous êtes moine, et heureux de l'être. Cependant, c'est d'abord pour Dieu que vous vivez : la devise des fils de saint Benoît est « Dieu premier servi ». Alors, ne risquez-vous pas d'oublier quand même un peu les hommes et de les mettre au second plan puisque Dieu est au premier ?

P. A. – Au contraire ! Dieu est le sens ultime de la voie que nous avons choisie. C'est notre vocation et notre passion, mais dans la mesure où nous avons le sens de Dieu, nous devons aussi avoir le sens de l'homme.

D. M. – Même à votre corps défendant, n'y aurait-il pas une certaine concurrence entre votre amour de Dieu et votre amour de l'homme ?

P. A. – Concurrence ? Certainement pas ! Entre ces deux amours s'établit même une subtile connivence. Dieu a créé l'homme à Son image, afin que, de jour en jour, se réalise entre eux deux une merveilleuse communion d'amour. Cette alliance entre Dieu et l'homme fait partie de la structure de la vie monastique et elle est une exigence interne de notre vocation : qui veut Dieu doit d'abord prendre l'homme au sérieux et le traiter en esprit religieux. La *Règle* de saint Benoît, qui est la norme de notre vie, nous en fait un devoir : tout homme, retraitant ou passager, qui arrive au monastère, doit être traité avec toute l'humanité possible. Il y va de la gloire de Dieu, car on reçoit ainsi le Christ lui-même.

D. M. – Donc, souci de Dieu et souci de l'homme, même combat ?

P. A. – Oui, le combat de la vie réelle : Dieu et l'homme unis vitalement, et à un degré extrême. Au jour solennel de notre profession définitive, nous nous engageons, par le vœu de stabilité, à vivre à la fois *avec* Dieu et *avec* les frères qui sont ici. Nous voici pris en la même cordée, pour le meilleur et pour le pire, jusqu'à la mort. Notre fidélité à Dieu sera prouvée et vérifiée par notre fidélité à nos frères humains. Et le souci de l'homme sera signe de Dieu.

D. M. – Solidaires jusqu'à la mort dans le même monastère, avec les sautes d'humeur de l'un et les petites manies de l'autre... Si je calcule bien, avec sept offices, les repas et les travaux, vous devez être « collés » les uns aux autres 10 heures sur 24, jusqu'à la mort. Pas très facile, même si vous êtes ensemble le plus souvent pour la prière ou dans le silence !

P. A. – Précisément, là, l'homme entre en jeu. L'homme, tout homme, n'est jamais une affaire réglée une fois pour toutes, ni Dieu non plus d'ailleurs. Le moine devra donc s'exercer à suivre Dieu, mais sur les chemins humains. Avec la même vérité et la même difficulté, il s'affrontera à la fois au mystère de Dieu et au mystère de l'homme. Il existe un continuel jeu d'interactions entre notre vie avec Dieu et notre vie avec les hommes. Ce jeu est l'enjeu de notre aventure. Plus un moine est attiré vers Dieu, plus il croît en humanité. Plus il vit pour Dieu, plus il vit pour les hommes.

D. M. – Vous parlez beaucoup de l'homme, mais on attend d'un moine qu'il parle surtout de Dieu, qui est votre « métier ». Pour l'homme, il y a les sciences humaines !

P. A. – Au fur et à mesure que l'on avance dans la vie, on entrevoit de plus en plus le mystère de Dieu, et plus on l'entrevoit, plus on pressent le mystère de l'homme. De plus en plus, en mon esprit et mon cœur de moine, je sens monter en moi de lancinants *pourquoi* : Pourquoi l'homme a-t-il tant de mal à être homme ? Pourquoi son cheminement est-il marqué de tant de tourments ? Pourquoi est-il naturellement angoissé et éprouvé sur tous ses sentiers ? Pourquoi l'existence humaine est-elle ainsi fragilisée et menacée ? Pourquoi cet animal si spécial a-t-il un sens si aigu de sa finitude, se sentant fait pour la mort ? Sans cesse, dit Cioran, il « bricole dans l'incurable ».

D. M. – Des lancinants pourquoi, mais avez-vous une définition de l'homme ? Après toutes vos recherches, vous devez bien avoir trouvé une de ces petites formules que vous aimez !

P. A. – Définition ? Mystère ! L'homme est un problème toujours à résoudre, une énigme toujours à déchiffrer, une réalité toujours à dépasser ! Sa quête n'est jamais achevée, son désir jamais assouvi et son devenir jamais terminé ! L'homme est une *terra incognita,* une terre inconnue, mais qui en fera le tour ? Non, ce n'est pas une île, c'est une presqu'île. L'homme passe l'homme. Qui donc a la clef de son mystère ? Pourquoi est-il donc ainsi ? Pourquoi n'a-t-il pas en lui le dernier mot sur lui ?

D. M. – La crise qu'il traverse de nos jours lui offre encore moins de chances de trouver une réponse aux questions qu'il se pose et ne fait que rendre son problème plus complexe.

P. A. – La crise est tellement généralisée qu'elle le laisse désenchanté... et surtout, elle touche le plus essentiel en lui : le sens de son aventure et la destinée de son être spirituel.

D. M. – Qu'est-ce qui va guérir l'homme moderne ?

P. A. – L'information... l'information au sens le plus profond ! et avant tout « l'information-Jésus ». Le péché est de ne pas être informé, alors que nous sommes submergés par les informations et divertis par de multiples distractions. L'homme a besoin pour vivre d'une vue juste sur cet élémentaire vital qu'est la condition humaine à accepter, à assumer et à humaniser.

D. M. – Humaniser l'homme ? Cette expression, qui vous est familière, me rend perplexe. D'abord – j'insiste – d'un moine, j'attendais une autre logique : par exemple, que votre souci soit plus, à l'approche de l'an 2000, de faire connaître Dieu aux hommes qui ne le connaissent pas, que d'avoir le souci « d'humaniser l'homme ». Mais peut-être l'homme est-il votre sujet favori parce que Dieu ne fait plus « recette » dans l'Église aujourd'hui. D'autre part, si l'homme est homme, il est déjà humanisé, sans quoi il ne serait pas homme !

P. A. – Que faites-vous de tous ces hommes qui se conduisent aujourd'hui comme des sauvages, au

Rwanda par exemple ! Se conduisent-ils comme des hommes ? Humaniser l'homme, parfaitement ! J'affirme qu'il faut commencer par là, continuer par là et s'obstiner. Il faut essayer d'humaniser de plus en plus l'homme, tout homme, tout l'homme et tous les hommes. Dieu, d'ailleurs, est le premier à être passionné de l'homme, à un tel degré d'amour. Telle est la Bonne Nouvelle qui devrait rayonner des monastères ! Comme le disait saint Irénée, « la gloire de Dieu, c'est l'homme vivant », devenant de plus en plus humain en communiant à Dieu.

D. M. – Mais les moines sont cloîtrés ! Comment peuvent-ils, enfermés, dire leur message aux autres hommes ? Comment peuvent-ils annoncer à leurs frères « du dehors » que le plus urgent est de s'humaniser de plus en plus ?

P. A. – Comment le diront-ils ? Mais par leur vie même ! Tous les hommes sont frères, organiquement liés entre eux. Donc, quand l'un d'eux consacre son existence à chercher le sens ultime de la condition humaine, il fait œuvre d'humanisation pour lui et aussi pour les autres. Il essaie de réaliser un projet qui a sens pour tout homme. Ainsi attiré par Dieu, le moine attire les hommes vers le meilleur d'eux-mêmes. En indiquant cette voie, en insistant sur cette urgence vitale, le moine a le sentiment d'être l'écho d'une quête très actuelle, parce qu'aujourd'hui l'humain est sans cesse et massivement attaqué par l'argent, la violence, le sexe, la vitesse et l'efficacité à tout prix.

D. M. – Mon projet aussi a sens pour tout homme. Quand je soigne un malade, je fais aussi œuvre d'humanisation : soulager une souffrance humanise un peu plus à la fois le patient et son médecin. Le réconfort, la guérison, l'apaisement physique et psychique ne sont peut-être pas des valeurs « ultimes », mais vous m'accorderez qu'ils se situent assez haut dans l'échelle des valeurs humaines, et pas très loin des vôtres, si une telle échelle existe ! Pour moi, tout prend sens, tout s'éclaire quand je vois une personne déprimée retrouver la joie de vivre. Ce que je souhaite ardemment, c'est une réponse à la question « comment soigner mieux ? », ou – ce qui revient au même – « comment humaniser mieux ? », et pour cela, comprendre mieux ce qu'est l'homme.

P. A. – Il faut savoir que celui-ci vit dans le provisoire. Aujourd'hui, il faut accepter, dans tous les domaines, l'aventure de la recherche.

D. M. – Un chrétien a pourtant les certitudes de son Credo qui lui donnent des repères dans les sables mouvants du monde actuel. Vous-même, vous suivez une antique règle. Nous aussi, c'est-à-dire les milliards de personnes qui mènent une vie « normale », nous avons besoin de quelques certitudes et nous en avons le droit, tout comme vous : où les trouverons-nous ?

P. A. – L'homme vit le provisoire dans l'appréhension progressive de la vérité, et il reste dans cette quête un être blessé, besogneux et divisé. D'où la tentation de l'évasion dans l'idéalisme ou dans l'irréel. Or, un chrétien n'est pas un idéaliste, mais un amoureux du réel et un être en devenir continuel. C'est la dynamique de son existence : l'homme est toujours en route, en désir, en élan. Le temps, pour lui, est une histoire « à faire » sans cesse. Il va, il passe. C'est un transhumant, en quête tâtonnante, éprouvante ou passionnante.

D'abord, il doit apprendre à aimer de plus en plus et augmenter sa capacité d'amour : ainsi s'humanise-t-il peu à peu. Et plus il aime, plus se manifeste en lui un désir de communion à Dieu et aux autres. Enfin, il s'accomplit en devenant fils dans le Fils unique de Dieu. Voilà l'homme, divinement relationnel !

D. M. – Dans votre esquisse, il manque le plus important : la responsabilité. L'homme n'avance que quand il se sait et se sent responsable des actes qu'il pose ; autrement, il se démotive. La responsabilité est sa noblesse, parfois lourde à porter.

P. A. – Responsabiliser l'homme est la première œuvre d'humanisation et la plus urgente aujourd'hui. Chacun doit apprendre à assumer sa liberté, c'est-à-dire à reconnaître ses actes et en répondre.

D. M. – Il faut nuancer. Beaucoup de dépressions nerveuses actuelles naissent d'une perturbation du sens des responsabilités. Dans un premier cas de figure, le sujet s'attribue une responsabilité excessive sur les événements (ce qui est favorisé par la pression médiatique, comme nous l'avons déjà évoqué). Chez certains, cela devient une manière d'être : si leur femme fait mal la cuisine, si un subordonné vole dans la caisse ou un enfant attrape la rougeole, c'est de leur faute ! Au contraire, d'autres se croient incapables de toute initiative valable. Dès lors, ils s'appuient sur les proches pour les prendre à leur place. Ils sont dépendants comme des enfants. Dans les deux cas, le traitement consiste à assainir le sens des responsabilités. Les « sur-responsables » apprennent à distinguer de quoi ils sont responsables ou non, et les « sous-responsables » à découvrir qu'il sont capables d'actes personnels, donc de responsabilités. Comme la dépression est un trouble aujourd'hui très fréquent, cela signifie qu'un très grand nombre d'hommes modernes ont besoin d'assainir leur sens des responsabilités. Il faut donc responsabiliser l'homme, mais sainement.

P. A. – De par leur vocation, la vie des moines est pleinement centrée sur l'homme parce qu'elle est pleinement centrée sur Dieu, il est l'Amour, il déploie en nous les ailes des grands désirs et des belles audaces, il est heureux de nous voir heureux, il est solidaire de nous et nous rend solidaire de tous, mais d'une manière divine comme Lui seul sait et fait.

Et si, vers la fin du XXe siècle, on annonçait un soir, au journal télévisé, que Dieu était mort ? J'aime la réaction de cet écrivain qui n'était pas un croyant, Jean Guéhenno, dans *L'Express* du 18 août 1968 : « Si j'apprenais que Dieu était mort, cette information ne me tourmenterait guère, sauf si la mort de Dieu signifiait la mort de l'homme. Aujourd'hui, on peut se demander si l'homme n'est pas en train de mourir. Alors là, je me sens le plus religieux des hommes, et décidé à me battre de toutes mes forces contre cette mort, car je crois en l'homme ! »

Mais qu'est-ce que l'homme, si précieux aux yeux de Dieu ? La plus belle définition est celle donnée par Vatican II : « L'homme est une personne », c'est-à-dire un sujet libre et responsable, capable de communion, donc une valeur absolue. Dans la constitution *Gaudium et spes,* le concile déclare : « La personne est le principe, le sujet et la fin de toutes les institutions » politiques, économiques, scolaires, sportives, militaires, humanitaires, familiales, sociales, culturelles, religieuses.

D. M. – Votre vie est tout de même « spéciale », puisque retranchée derrière les murs d'un monastère. Vous ne vivez pas au quotidien *notre* vie humaine, vous ignorez tout de ce que sont les joies et les soucis d'une famille et d'une carrière professionnelle. Bien sûr, vous avez le souci de l'homme, mais, étant moine, vous êtes en quelque sorte un « nanti » !

P. A. – Que de fois j'ai entendu cette objection ! On croit toujours que les moines, parce qu'ils sont retirés du monde, sont des êtres un peu dans les nuages, des extraterrestres qui ont perdu le contact avec les réalités d'ici-bas. Or, c'est le contraire.

Je peux attester que, dans la mesure où un moine fait l'expérience authentique de Dieu, alors il s'enfonce dans la profondeur de l'homme ; et son expérience est toujours une expérience de mort et d'amour. Il faut qu'il vive à l'extrême. L'intensité d'une vie monastique se mesure à l'amplitude qu'il y a entre les joies les plus pures et *en même temps* les souffrances les plus crucifiantes. Voilà mon expérience personnelle. De plus, étant responsable de l'accueil au monastère, je suis confident de situations humaines extrêmes et en contact avec les problèmes les plus profonds et les plus terribles des hommes. Cela me force d'ailleurs à prier et à prier sans cesse. Souvent, on me demande : « Mais comment se fait-il que vous, les moines, retirés et coupés du monde, vous sentiez si bien les problèmes les plus matériels, les plus conjugaux, les plus familiaux et les plus dramatiques ? » Je réponds : « Lorsque toute l'existence est devenue une vocation, tout est vécu sous le regard de Dieu. Tout est senti dans l'attrait de Dieu. Alors tout est vu et jugé selon ce sens ultime. » La communion avec Dieu rend solidaire des hommes dans leurs plus durs et leurs plus purs combats.

Chapitre 4

Impossible bonheur ?

Dominique MEGGLÉ – Le bonheur est l'idéal de chacun d'entre nous, mais son évocation est si délicate ! On peut être indiscret, indécent et provocant à l'égard de tant de souffrants si présents autour de nous.

Père AMÉDÉE – Un vrai bonheur doit se vivre avec pudeur.

D. M. – Parler de la souffrance des autres est plus impudique encore. Le métier du médecin est de la soulager. De toutes les spécialités médicales, la psychiatrie est la plus curieuse. Elle a toutes sortes de théories expliquant pourquoi une personne tombe malade psychologiquement. Elle a des théories du malheur, mais aucune du bonheur. Pourtant, tout homme malheureux veut s'en sortir pour être enfin heureux. Le bonheur est donc le but de la thérapeutique. Le gastro-entérologue connaît le « bonheur » du foie sain, et le chirurgien, le « bonheur » du genou sain : ils savent comment ces organes fonctionnent normalement. Cela guide leurs gestes, donnant son but à leurs soins. Seul, le psychiatre ignore le bonheur psychique ! Il devient urgent d'y réfléchir, pour acquérir une vision plus claire du but de la psychothérapie.

P. A. – S'il peut sembler impudent de dire franchement devant tant de gens : « Je suis heureux » alors qu'il y a tant de malheureux, pourtant, je suis d'accord avec vous : il est vital et urgent, pour l'être humain, de chercher le bonheur. Tout homme en a faim et il serait inhumain pour lui d'y renoncer. L'homme en effet est un être de désir. Une inextinguible faim suscite en lui une quête sans fin. Il est élan vers son bonheur toujours à venir. Il a une vocation au bonheur. Vocation, parfaitement ! Le moine, par exemple, est un être voué au bonheur. Il en a le devoir. On entre dans l'aventure monastique pour être heureux, heureux de Dieu d'abord, et heureux de rendre les autres heureux. Je me suis fait moine pour chercher le bonheur, sinon je serais anormal.

Un jour, un abbé bénédictin reçoit un jeune agrégé parisien qui désirait passer une semaine chez les moines « pour une enquête, disait-il, scientifique. Je ne désire ni livres ni entretiens avec les moines. Je veux seulement vivre ici et regarder. » À la fin de son séjour, l'abbé lui demande : « Alors, votre enquête est réussie ? – Ah, oui ! lui répond-il, j'ai observé et mon constat est net : les moines sont heureux. Oui, le bonheur des moines est pour moi un fait, et un fait signé Dieu. Et ce fait va inspirer ma décision personnelle. »

D. M. – Est-il devenu moine ?

P. A. – L'histoire ne le dit pas.

D. M. – Elle le laisse deviner.

P. A. – La poursuite du bonheur, hélas, est une entreprise exigeante et déroutante ! Il y a même un paradoxe cruel dans ce constat éprouvant : tous les hommes veulent être heureux et il est tant de malheureux ! L'homme, mû par la volonté de bonheur, est un être atteint par tant de malheurs ! Il faut toujours insister sur ce contraste, parce qu'il est la vérité de la vie, contraste indispensable pour arriver à saisir ce qu'est le bonheur.

Et pourtant, en notre temps, il y a eu, comme jamais dans l'histoire, une colossale croisade qui a entraîné des millions d'hommes vers « des lendemains qui chantent ». Jamais encore, on n'avait vu une telle coalition pour un bonheur scientifiquement prévu, annoncé...

D. M. – Le marxisme est l'une de ces idéologies totalitaires qui prétendaient faire le bonheur de l'homme malgré lui. Le nazisme en était une autre. Énorme est la déception et vive la blessure au cœur de millions d'hommes... Au fond, je crois que nous supportons mal la précarité et la relativité de notre condition. D'où le besoin, périodique chez l'homme, de trouver une recette miracle de bonheur absolu qu'il tentera d'appliquer à l'échelle d'un pays, voire de continents ou du monde entier.

Les doctrines totalitaires du bonheur font aussi des ravages dans les couples et les familles. À chaque fois qu'un mari a « une certaine idée » de la manière dont sa femme *devrait* se comporter ou sur ce qu'elle *devrait* ressentir dans telle ou telle situation pour que leur couple soit heureux et qu'il cherche à l'appliquer, alors les catastrophes commencent ! Je repère les familles victimes de l'idéologie totalitaire du bonheur absolu à leur manière de parler les uns des autres et d'eux-mêmes. Ils ne disent jamais : « j'ai du chagrin », « je suis content », « il est tendre » ; mais « il *faut* être fort », « il *faut* maîtriser », « un bon mari *doit* être proche de sa femme ». La spontanéité de l'expression des sentiments a disparu. Au contraire, ils se réfèrent constamment à l'idéal absolu du bon mari, du bon parent, de la bonne famille. Comme cet idéal est utopique, au lieu du bonheur ils trouvent, à coup sûr, le malheur. Ces familles sont victimes, comme disent les Américains, de *musturbation* (de *must* : en anglais « il faut »).

P. A. – Malgré cela, aujourd'hui plus que jamais, est offerte aux hommes modernes une étonnante masse d'appels au bonheur et de propositions pour le trouver. Partout, dans tous les médias, dans toutes les revues ! De même qu'il y a des tas de donneurs de sens dans le monde entier, il y a des tas d'appels au bonheur.

D. M. – Je me souviens d'une affiche publicitaire pour un club de vacances qui était sur tous les murs il y a quelque temps. L'image, paradisiaque, était vraiment agréable et reposante. En la regardant, je « planais » un peu, jusqu'à ce que, soudain, me revienne à la conscience la mort récente d'un ami très cher. La peine m'étreint, mais le ciel bleu et la mer verte de l'affiche étaient toujours là, inchangés et inhumainement paisibles. Surréaliste décalage !

P. A. – Je pense aussi à l'autre entreprise d'aspiration mondiale au bonheur, le Nouvel Âge, cette ruée vers un monde nouveau à l'aube de l'ère du Verseau. Nous arriverions à un paradis, dans lequel les hommes vivraient l'harmonie cosmique totale !

Jamais, on n'a fait aux hommes de telles propositions de bonheur. De fait, dans les années quatre-vingt, les sondages plaçaient la valeur « bonheur » en première ligne. Une immense majorité de Français reconnaissaient être heureux. Mais de quel bonheur ? Il est tant de bonheurs qui laissent insatisfait ! Pourquoi ?

D. M. – Comme le rêve de 68 : « L'imagination au pouvoir », « Il est interdit d'interdire », « La plage sous les pavés »... Le rêve est brisé et les jeunes de 95, enfants de la société née en 68, sont moroses et dépressifs.

P. A. – Ces jeunes, sont-ils vraiment informés de la dureté du monde dans lequel ils s'engagent ? Sur le reste de la planète, des millions d'autres aimeraient posséder notre terre et nos moyens, pour avoir au moins le droit de vivre ou même de survivre ! La quête du bonheur devient actuellement une entreprise dramatique.

D. M. – Dans nos pays, je vois l'énorme circulation internationale de capitaux, l'immense quantité d'argent épargnée et l'excédent du commerce extérieur, et en face : le chômage, les banlieues et les manifestations sporadiques (pas seulement des jeunes). « Il y a quelque chose de pourri au royaume de Danemark », aurait dit Shakespeare.

P. A. – Alors, le vrai bonheur est-il donc impossible à trouver ? Énigme lancinante ! La race humaine serait-elle vouée au cycle d'élans et de tourments sans cesse recommencé ? Serait-elle vouée au cycle d'essais et d'échecs à répétition ?

D. M. – Comment comprendre que quatre-vingts ans après la Première Guerre mondiale qui a commencé à Sarajevo, cette même ville soit encore assiégée aujourd'hui ? Pourtant, entre-temps, il y a eu le traité de Versailles, le démantèlement des empires centraux, les totalitarismes rouges et bruns, une autre guerre mondiale, le traité de Yalta et la guerre froide ! Quelle folie !

P. A. – Élans et tourments, essais et échecs à répétition. Sisyphe, avec son rocher, peinait sans fin, toujours en vain. En traitant du bonheur, nous traitons vraiment un problème humain, moderne et urgent. Cette ruée vers le bonheur devient de plus en plus fiévreuse et dévorante. L'humanité, prise d'une sorte de frénésie de vitesse, veut tout, tout de suite. Elle est travaillée du désir sauvage d'avoir, de savoir et de pouvoir, mais cette trinité noire peut se révéler cruelle et décevoir jusqu'au désespoir.

D. M. – Mais enfin, d'après vous, qu'est-ce que le bonheur ?

P. A. – À cette question, je réagis aussitôt en... posant la question : « Qu'est-ce que l'homme ? »

D. M. – Voilà une réponse de jésuite !

P. A. – La vraie question est : comment se fait-il que le bonheur humain soit si difficile à conquérir ? Il faut donc partir de l'homme pour la résoudre. L'homme est un être relationnel, fait pour *être-avec*. Souvenez-vous de mon petit moyen mnémotechnique MAUD : il n'y aura pas de bonheur sans relation, sans acceptation de moi-même, des autres, de l'univers et de Dieu tels qu'ils sont.

D. M. – Accepter les guerres actuelles, le chômage ou même la mort d'un être cher est tout à fait scandaleux et impossible.

P. A. – Attention : accueillir un fait n'est pas accepter un mal. Je répète la distinction : l'accueil est une attitude universelle, la seule qui soit réaliste face au réel, aussi dur soit-il. L'acceptation joue dans une situation donnée après l'avoir accueillie : elle est déjà un engagement qui cherche à modifier la situation ou à lui donner un sens d'amour.

D. M. – Je ne peux améliorer une situation pénible qu'après en avoir accueilli toute la réalité. Si je refuse d'en voir certains aspects, mon jugement sera faussé, et mon action moins efficace, inefficace ou nocive.

P. A. – Oui, mais qu'est-ce que l'homme ? Une *personne* qui ne peut être heureuse sans rencontres interpersonnelles. Son suprême bonheur est la communion dans l'amour. Il y est appelé.

D. M. – Certes, les rencontres épanouissent l'homme. Pourtant, tous mes patients en ont peur ! La souffrance psychique est toujours une pathologie de la rencontre. Par exemple, si je n'ai pas confiance en moi, je me sens menacé par une relation d'échange avec un autre : j'ai peur qu'il ne me vole, qu'il ne me « pompe le sang ». Je crains d'en sortir affaibli, dépossédé. Pour me protéger, j'utiliserai différents expédients, par exemple, réduire les relations à de simples relations de surface. Les bandes d'adolescents en sont l'illustration. En se mettant en bandes, ceux-ci recherchent leurs ressemblances : ils s'apparient, « se collent », et évitent surtout les différences qui feraient passer le courant de l'échange.

P. A. – La rencontre provoque une altération : l'échange me modifie.

D. M. – Les toxicomanes aussi sont « collés » en bandes de semblables. Tristes groupes dans lesquels chacun est là, seul avec sa seringue, les yeux fixés sur son bras et non dans les yeux d'un autre. À chacun le produit assure, à la demande, l'illusion qu'il se suffit à lui-même et peut se passer des autres.

Les adolescents craignent l'échange parce que leur narcissisme est fragile. C'est pourquoi ils sont vulnérables à la tentation de la toxicomanie. D'ailleurs, il existe tout un ensemble de conduites pathologiques très caractéristiques des jeunes des sociétés modernes : toxicomanies, mais aussi anorexie mentale, boulimie, certaines formes d'alcoolisme, et j'en passe. Tous ces troubles sont regroupés sous le terme générique d'*addictions*. C'est un terme de droit romain ancien, qui signifie la contrainte par corps pour dette impayée : j'ai vécu au-dessus de mes moyens et maintenant je paie ma dette en étant esclave.

Au début, l'héroïnomane ressent un plaisir extraordinaire. Il vit au-dessus de ses moyens puisqu'il se passe des autres pour être heureux. Il « méprise » la banalité de la vie de l'humanité ordinaire, prise dans des échanges si laborieux ! Il prétend qu'un simple produit chimique lui suffit pour faire mieux. En se piquant, il soulage tellement bien ses tensions internes qu'il recommence. Très vite, ne retrouvant plus son plaisir, il doit augmenter les doses. Il est ensuite obligé de continuer, uniquement pour éviter le manque : il est devenu esclave. De même, l'anorexique mentale vit au-dessus de ses besoins alimentaires et sexuels. Elle flotte, aérienne, angélique, au-dessus de son corps. Ce plaisir factice est tel qu'il la pousse à persévérer dans sa conduite de restriction alimentaire. Bientôt, elle ne peut plus s'en passer et en devient l'esclave.

P. A. – Si l'homme est un être relationnel, alors il peut tout aussi bien essayer de se créer des bonheurs artificiels en se repliant sur lui-même, alors que le vrai bonheur est toujours un élan vers l'autre. Le bonheur est un élan qui dit : « Toi ! »

D. M. – Cet élan est souvent vécu comme un risque. Aujourd'hui, on a tellement peur de « se faire avoir » quand on entreprend une relation ! Pourtant, si l'on n'ose pas, on restera fragile. On ne pourra ni mûrir ni se développer parce que seules d'authentiques relations d'échange avec les autres peuvent nous donner confiance en nous et en nos capacités. Les jeunes restent fragiles aujourd'hui parce qu'ils sont prolongés dans des statuts de dépendance infantiles.

P. A. – Vous voulez dire que cela vient du système social actuel ?

D. M. – Michel Delage, professeur de psychiatrie à Toulon, parle d'un « moratoire » mis de nos jours à la terminaison de l'adolescence. Le jeune est conservé dans des statuts provisoires de dépendance partielle, parfois jusque vers 30-35 ans. Il a bien quelques réalisations adultes, comme de voter à 18 ans et d'avoir une activité sexuelle, mais dans le même temps, il n'a pas d'indépendance financière : il est au chômage ou n'a pas fini ses études. N'ayant pas d'autonomie vraie, il ne peut se frotter à la vie réelle pour y faire l'expérience de ses premiers accomplissements personnels.

Au contraire, quand j'ai pris le risque de l'échange et que j'ai réussi, je sais que je me le dois. Alors, je m'aime plus, je prends confiance en moi et goût à l'échange. Dès lors, j'accepte aussi le risque de l'échec, qui fait partie du jeu. Je sais que chaque échec sera riche d'enseignements nouveaux. Estime de soi et échanges relationnels se renforcent l'un l'autre pour épanouir la personnalité. Au fond d'eux-mêmes, les jeunes « addictes » savent qu'en se repliant sur eux, ils bloquent leur épanouissement et se rapprochent de la mort. Ils se livrent à un « autosabotage », dit Philippe Jeammet.

P. A. – Pourtant, le bonheur est simple, c'est une sorte de bouquet de roses et d'épines, c'est la vie... Voici un fait authentique plus éloquent que les plus belles méditations sur le bonheur. Rien ne vaut les exemples vivants. En 1978, j'ai rencontré une grand-mère habitant le village tout proche. Âgée de 87 ans, elle rayonnait de sérénité, après avoir tant peiné : « J'ai eu neuf enfants et j'en ai élevé six de plus, bénévolement. Je ne suis pas riche, mais je suis heureuse. Je vis de peu. Ma petite pension me suffit. Bien sûr, la vie a eu ses peines, mais c'est ça, la vie. Il n'y a pas de vie sans peine. Qui fuit la peine fuit la vie. » Oui, le bonheur est simple à condition de prendre tout le bouquet, les roses *et* les épines.

Mais alors, comment le décrire ? Il est une dynamique, une difficile ascension que j'entreprends et poursuis pour répondre à un appel intérieur qui me dit continuellement : « Va plus loin, plus loin, au-delà. » C'est librement, par une décision personnelle, que je m'engage dans cette aventure qui m'attire. Le bonheur est un attrait, mais un attrait exigeant. En effet, au fur et à mesure de mon ascension, il me faut jeter toujours plus de lest pour me désencombrer, car l'encombrement empêche d'être heureux.

Des jeunes me demandaient : « Père Amédée, vous aimez beaucoup le mot "liberté". Vous avez parlé de votre vie de liberté. Mais quand même, vous êtes contraint de rester dans votre monastère. Alors, comment pouvez-vous être heureux en restant enfermé ? » J'ai répondu par le mot d'un navigateur célèbre, Olivier de Kersauzon. Un journaliste l'interrogeait et lui envoyait des piques : « Mais enfin, vous ne pouvez pas trouver le bonheur comme ça ! Vous vous embarquez sur un petit bateau pendant des mois et des mois, avec tous ces risques. C'est très dur ! Et votre famille ? Et vos ennuis mécaniques ? » Et Kersauzon de répondre : « Eh bien, *on choisit ses contraintes* ! c'est parce que c'est dur que je choisis l'aventure. »

Le bonheur est un appel auquel tous cherchent à répondre. Jamais je n'oublierai un tableau de Rouault, *Le naufragé* : on voit un homme s'enfoncer dans les flots en murmurant : « Demain sera beau. » Paradoxe de l'espérance ! Même celui qui se suicide cherche un bonheur, un autre bonheur.

D. M. – Je doute qu'on puisse jamais arriver à un bonheur définitif, total et absolu, bien que ce soit une nostalgie ou un désir qui travaille le cœur de tout homme, y compris de celui qui se suicide. D'ailleurs, la religion interdit le suicide : elle se garde bien de mettre le paradis éternel à la portée de tout le monde ! Elle en rend l'accès direct impossible, ce qui laisse à penser que ce « paradis » est un fantasme qui exprime un désir et peut servir de moteur au comportement humain. La doctrine du paradis est cependant moins dangereuse que les idéologies laïques totalitaires du bonheur absolu.

P. A. – Le bonheur n'est jamais une réussite définitive ; il est toujours à recommencer. Il faut savoir le saisir à l'état naissant, tel qu'il surgit dans l'instant, sans lâcher la proie pour l'ombre car il n'est réel que lorsqu'il est présent ; et éphémère, il s'enfuit. Pour saisir ce qu'est le bonheur, il faut aller plus loin encore dans le réalisme : je dirais qu'il est une insatisfaction sans cesse acceptée et offerte. L'insatisfaction se rencontre partout. Il faut que j'accepte cette insatisfaction et que je lui donne un sens d'amour dans l'offrande. Le bonheur est en effet un élan sans cesse renouvelé, un désir sans cesse rénové.

D. M. – La satisfaction d'un désir tue ce désir qui perd sa raison d'être. Or, désirer, c'est vivre. Pour désirer quelque chose, il faut que je sois en manque de cette chose. Si je l'ai, je ne la désire plus. Pourtant, la satisfaction est aussi importante pour être heureux que le désir : il me faut à la fois avoir ce qui me manque pour en jouir et ne pas l'avoir pour le désirer. Quel paradoxe ! Le seul paradis éternel qui me conviendrait serait celui où je serais en même temps totalement satisfait et totalement désirant, et pour toujours. Avez-vous cela à m'offrir ?

P. A. – C'est la définition chrétienne du paradis. Il est bonheur qui comble parfaitement et désir sans cesse rénové.

D. M. – Revenons sur terre. Comment faire pour rénover son désir ? Faut-il marcher à coups de volonté pour rester dynamique ? Je n'ai jamais vu un déprimé retrouver son entrain grâce à des efforts de volonté. Il n'y a rien de plus décourageant pour un déprimé que de s'entendre conseiller : « Allez ! Avec un peu de volonté, tu t'en sortiras ! » Chez lui, c'est précisément la volonté qui est paralysée.

P. A. – La volonté renouvelle l'élan, mais il ne s'agit pas de volontarisme forcené : il s'agit plus simplement de saisir les occasions au fur et à mesure qu'elles se présentent. L'ascension du bonheur est comme celle d'une montagne : on va vers le sommet en en faisant le tour et l'on revoit toujours les mêmes paysages, chaque fois d'un peu plus haut. C'est l'ascension en spirale, cette spirale qui se trouve dans toute la nature, symbole le plus expressif de la vie qui cherche le bonheur par des séries de réussites et d'échecs, mais qui se renouvelle sans cesse.

D. M. – On bute toujours aux mêmes endroits dans sa vie, tout se répète, mais chaque fois un peu plus haut et différemment. Cette répétition est une des principales causes de découragement. C'est pourtant là qu'il faut chercher le bonheur. Pour qu'un déprimé retrouve le désir, il doit s'entraîner à modifier l'interprétation cognitive qu'il fait des événements qui lui arrivent et qui se répètent dans sa vie, ensuite et simultanément se réentraîner progressivement à l'action en saisissant, avec l'aide du thérapeute, les occasions qui se présentent dans la journée. Pour moi, la vraie santé humaine et le bonheur sont synonymes, et il existe quelques critères qui permettent de les reconnaître.

Il y a, par exemple, l'absence de conflit intrapsychique majeur ou de traits pathologiques invalidants de la personnalité : en somme, le fait que l'homme ne mène pas une guerre épuisante contre une partie de lui-même. Il y a aussi l'adaptation à son milieu. Quelqu'un qui n'est jamais heureux dans les lieux divers où il passe manifeste ainsi qu'il a un problème. Dans son examen clinique, le psychiatre cherche toujours à savoir comment le patient s'est adapté aux différents milieux qu'il a traversés.

P. A. – Avant d'entrer à la Trappe, j'ai fait cinq ans de captivité. Même dans ces milieux extrêmes, il y a moyen d'être heureux (d'un bonheur relatif, certes !). C'est même un devoir pour soutenir les autres. Que de fois des camarades me disaient : « Mais toi, tu es heureux ! » Si, pendant des années et des années, je suis en état de révolte contre le milieu dans lequel je vis, je ne change pas la situation, mais je me démolis...

D. M. – Ulcère, infarctus, dépression, tentative de suicide...

P. A. – Pour être heureux, il faut aussi une certaine aptitude au bonheur.

D. M. – Pour vous, être heureux viendrait d'une aptitude innée ? De naissance, nous serions destinés à être heureux ou malheureux, selon que nous ayions ou non reçu le bon gène ?

P. A. – Non, mais cette aptitude est un signe de santé. Un individu sain cherche le bonheur partout et le trouve, même dans les pires situations. Une personne équilibrée saisit toutes les occasions, même les plus petites. Elle trouvera toujours sur son chemin quelques fleurs à cueillir.

D. M. – Heureux l'optimiste, dites-vous. Pourtant, l'optimisme peut faire des ravages en faussant l'évaluation de situations objectivement catastrophiques.

P. A. – Il est des optimistes réalistes. Ils ont fait le tour de la question et constaté que, les choses étant ainsi, elles ne sont pas autrement, comme aurait dit La Palice.

D. M. – Cette aptitude au bonheur est-elle, selon vous, innée ?

P. A. – Il y a certainement des tempéraments plus heureux et d'autres plus portés au pessimisme et aux râleries. Cela révèle leur personnalité. Je suis donc incompétent pour aller plus loin. Vous êtes psychiatre : c'est à vous de répondre !

D. M. – L'influence des conditionnements infantiles est importante pour « fabriquer » un pessimiste ou un optimiste. Prenons un pessimiste : la foi chrétienne, par l'espérance qu'elle contient, peut-elle changer sa personnalité et le rendre optimiste ?

P. A. – La foi chrétienne ne guérit pas les maladies, elle aide à vivre *avec*.

D. M. – Vous avez évoqué des cas de guérison dans des groupes charismatiques. De plus, un tempérament n'est pas une maladie, mais une façon d'être. Or, la conversion ne change-t-elle pas la façon d'être ? Est-on le même avant et après sa conversion ?

P. A. – Non, on a reçu la foi. Le changement psychologique du croyant demande plus de temps : il nécessite que la conversion produise tout son effet, et celle-ci dure la vie entière car elle doit prendre tout l'être ; c'est l'ascension en spirale. Il faut que la relation à Dieu devienne toujours plus existentielle, toujours plus intense. Alors elle imprègne progressivement toute la personnalité et toutes ses relations. Elle modifie les relations avec moi-même qui peuvent être déficientes et les relations aux autres qui peuvent être difficiles. Elle les entraîne dans son dynamisme. La personne trouve la force de continuer sa route parce qu'elle n'est plus seule. Dieu devient une présence dans sa vie.

D. M. – Pensez-vous qu'un handicapé psychique puisse être vraiment heureux ?

P. A. – Le bonheur est très relatif. Il est relatif aux circonstances et relatif aux personnes. Voilà plusieurs dizaines d'années, Jean Vanier a fondé « les communautés de l'Arche » pour les handicapés mentaux. Il suffirait que vous alliez dans l'une d'elles, à Trosly par exemple, pour constater qu'ils y vivent dans le bonheur. En plus, ils donnent du bonheur aux « normaux » qui ont décidé de vivre avec eux. Dans ces foyers, il y a une ambiance, les handicapés sont entourés. Ils ne demandent qu'une chose : être aimés.

Xavier Le Pichon, ce spécialiste mondial des tremblements de terre, est un savant mystique. Le jour, il enseigne à Normale ou Polytechnique. Le soir, il se retrouve à l'Arche de Trosly, aussitôt assiégé par ses petits mongoliens, avides d'affection et d'attention. Le bonheur est toujours relationnel.

D. M. – On vous dira que les trisomiques ont tout de même un bonheur de simplet.

P. A. – Jean Vanier affirme que la profondeur spirituelle de la personnalité du handicapé n'est pas malade. Celui-ci a une vie spirituelle qui, certes, ne peut pas se manifester, mais qui n'en est pas moins réelle et intense.

D. M. – Certains jeunes de vingt ans ont essuyé déjà tellement de traumatismes sévères qu'ils donnent la terrible impression d'avoir déjà « grillé tous leurs fusibles ». Il est parfois effroyable de voir l'énergie qu'ils dépensent pour tenter de se reconstruire.

P. A. – Il faut bien reconnaître qu'on rencontre des personnes sur les épaules desquelles pèsent trop de poids... Nous retrouvons notre impression du début : il est très dangereux de parler du bonheur sans être solidaire de tant de malheureux, sans essayer de les rendre moins malheureux, sans essayer de les rendre un peu plus heureux. C'est un terrible problème.

D. M. – Vous affirmez cependant que la relation de l'homme à Dieu, quand elle devient existentielle, entraîne toutes ses autres relations et l'aide à marcher dans l'espérance. Est-ce valable pour ces jeunes à qui on a enlevé toutes les cartes qui leur étaient nécessaires pour jouer au jeu difficile de la vie ?

P. A. – La meilleure réponse serait que vous voyiez une vidéo du pèlerinage à Lourdes des communautés de l'Arche. Comment se fait-il que ces handicapés éprouvent une telle joie de vivre dans la convivialité alors que, dans notre société, ils étaient normalement condamnés à se replier sur eux-mêmes et à végéter ?

D. M. – Je ne pense pas à ces handicapés-là, mais à tous ces jeunes d'intelligence normale, dépressifs graves, parce que, dans leur enfance, ils ont perdu leurs parents, ont été abandonnés, placés, battus ou abusés sexuellement. Le pire est qu'ils auront tendance à répéter sur leurs enfants les traumatismes qu'ils ont subis. Un garçon battu risque fort de devenir un père violent. Un enfant qui a subi des sévices sexuels risque fort de devenir un père incestueux. Ceux-là peuvent-ils développer une aptitude au bonheur qu'ils n'ont pas ?

P. A. – Vous savez mieux que moi que certains portent une charge trop lourde et qu'il est bien difficile de les engager dans la voie du bonheur.

D. M. – Donc, le message du Christ n'est pas universel puisqu'il ne libère pas ceux qui sont trop atteints.

P. A. – Seul le Christ, précisément, peut atteindre les cœurs à ces profondeurs qui font peur. Seul le Christ peut me « situer », avec justesse et tendresse, face à de telles détresses, afin que, dans le silence et la patience, je garde cœur pour aider ceux qui n'en peuvent plus sur leur chemin de malheur. Mais vos questions aiguës nous confrontent au spectre du mal, mystère qui nous dépasse.

D. M. – Est-il suffisant de répondre que le mal est un mystère et de se réfugier dans un silence, même tendre ? Je fais de la thérapeutique parce que je crois à l'efficacité de la parole et de l'action, ce qui n'exclut pas la tendresse de ma démarche. Enfin, la description que vous avez donnée du bonheur me semble, sinon timorée, du moins bien timide pour un moine qui affirmait être entré à la Trappe dans cet unique but.

P. A. – Le bonheur est relatif. Il est, plus que jamais, soumis à des dialectiques : celles du particulier et de l'universel, du nécessaire et du gratuit. Il a ses ennemis qui se trouvent sur tous les chemins, par exemple les petitesses et la mesquinerie. Il y a encore la difficulté de durer : je crains toujours de ne pouvoir continuer jusqu'au bout ; je crains toujours que demain ou après-demain sera trop dur. Cette crainte est un obstacle sur la voie du bonheur. Et il y a l'illusion de l'idéal ! Très souvent dans la vie, on cherche l'idéal. Si l'on se laisse aller à ce mirage, on risque la déception. Car l'idéal... c'est souvent consentir à ce qui n'est pas idéal !

Quant à l'insatisfaction, j'en reparle car elle se trouve sur tous nos sentiers. J'ai bien aimé la réflexion de Maurice Schumann : « Mais heureusement que nous sommes insatisfaits ! Que serait la vie sans la permanente insatisfaction qui nous fait d'abord accueillir le réel, et puis essayer d'aller plus loin ! »

Il n'y a pas de bonheur sans cette attitude du cœur : l'accueil. C'est un décentrement libérateur. Mon bonheur dépend de mon cœur. Si mon cœur est en état d'accueil, alors je saurai avoir au moins un bonheur relatif. Pas de bonheur sans l'accueil de ma vérité dans le réel de la condition humaine, concrète, imprégnée de faiblesse et de misère ! Le cardinal Daniélou disait avec sérénité : « Tout esprit lucide sait que le bonheur est fait de consentement et de gratitude. » Voilà l'aptitude au bonheur : tel que je suis, là où je suis, je trouve que je peux dire merci à Dieu.

Le bonheur est toujours relatif. Il est relatif à moi-même, aux autres, à l'univers et à Dieu. « Pas de bonheur humain sans le prochain ! » est un de ces slogans qu'il faudrait répéter. Sinon on est victime du repli sur soi, de l'enfermement, de l'ipsation, et Lévinas de rajouter : « Justice bien ordonnée commence par autrui ! »

D. M. – À l'hôpital, un petit événement a changé l'ambiance de nos consultations. Nous avions une salle d'attente blafarde. Un jour, un collègue a eu l'idée d'y afficher un poster qui représente un petit groupe de personnes, six ou sept, visiblement heureuses d'être ensemble. Au-dessous de la photo, une légende dit : « Les autres, c'est la vie. La vie, c'est les autres. » Les patients n'arrêtent pas de nous en parler !

P. A. – Au lieu de dire : « Les autres, c'est l'enfer... »

Je ne serai jamais heureux sans l'autre car autrui est toujours là, avec son mystère et son inédit. Il est là, toujours là, autre et différent de moi. Le bonheur est toujours dans le sens de l'amitié, car l'amitié est précisément la présence de l'autre dans ma vie. Qui fuit à tout prix toute souffrance ou qui fuit l'autre ne connaîtra jamais une certaine intensité d'amour oblatif, donc de bonheur. L'amour oblatif est l'amour qui se donne aux autres et se donner aux autres donne la joie. La joie n'est pas dans une sensation épidermique ou une sentimentalité facile ; elle n'est pas une attitude de facilité, mais de courage et de volonté : je veux être heureux, je veux avoir un comportement heureux, pas factice. Un de mes confrères prêtre aime ce refrain : « Oui, heureux *quand même,* espérant *quand même,* priant *quand même,* aimant *quand même,* généreux *quand même* ! »

D. M. – Jusqu'à maintenant, vous n'avez pas dit vraiment ce que Dieu peut apporter au bonheur de l'homme. Est-il pour vous un « moteur auxiliaire » ?

P. A. – Non, mais quel Dieu ? Ou lequel ? En effet il en est tant en notre temps !

D. M. – Dis-moi quel est ton Dieu et je te dirai qui tu es. Mon image de Dieu m'en apprend plus sur moi que sur Dieu. Je le fais si bien à mon image que je peux douter qu'il existe hors de mon fantasme.

P. A. – Si mon Dieu est à mon image, à ma hauteur, comment voulez-vous qu'il soit sympathique ?

En 1988, l'Église catholique a fait une enquête mondiale sur le bonheur. Cette enquête, « Bonheur et foi chrétienne », était sous la responsabilité du cardinal Poupard. Et, fait paradoxal, c'est au Japon, où il y a 90 % de shintoïstes et de bouddhistes, qu'elle a connu le plus grand succès. Elle a fait choc. Pour les Japonais, elle a été une bonne nouvelle : l'Église catholique s'intéresse au bonheur des hommes. Elle a le souci de rendre les hommes heureux, parce qu'elle est signe de Dieu et que Dieu veut le bonheur de l'homme.

Aujourd'hui, déjà, la religion n'est plus sentie comme un obstacle au bonheur dans la modernité, mais au contraire comme un atout pour l'équilibre humain. Bien sûr, chacun en aura une conception parfois réductrice, au risque de bricoler sa petite religion.

D. M. – D'accord tout au plus pour le *New Age,* qui est le Canada Dry de la religion.

P. A. – Mais il fait partie de ce que l'on appelle « le retour du religieux », qui est très important de nos jours.

D. M. – L'Église, elle, est sentie comme un obstacle à éliminer.

P. A. – Peut-être à cause de ses positions sur l'avortement et la bioéthique qui ne plaisent pas. Mais partout éclatent des phénomènes religieux qui sont intimement liés à la question du bonheur des hommes. On sent bien que la religion peut être un facteur d'équilibre humain.

D. M. – Est-ce vraiment la religion qui intéresse ? Ou n'y recherche-t-on pas une psychothérapie pour soigner le mal-être moderne ? Bricolage de religion, bricolage de thérapie. Ces ersatz de religion-thérapie restent immatures : avec des rituels et des techniques de méditation d'origines parfois incertaines, on se procure des sensations comme avec une thérapie à cent sous. La religion est mise sur le même plan que le massage californien ou le « cri primal ».

P. A. – On parle plus justement de « nouvelle religiosité », symptôme à la fois du mal-être moderne et du retour du religieux qui est bien là, en dessous. Voilà pourquoi il faut en venir au réalisme de Jésus.

« Comment se former au vrai bonheur ? » : telle est la question que posent le croyant et l'incroyant. Eh bien, l'homme est désir de bonheur ; il faut évangéliser ses désirs qui fusent en tous sens, c'est-à-dire essayer de les orienter vers la Bonne Nouvelle de Jésus. On ne peut pas parler en effet du bonheur en général sans évoquer l'appel de Jésus de Nazareth dans le printemps galiléen, les « Béatitudes », comme on les nomme, qui sont un message de bonheur pour l'homme. Jésus nous a donné la Bonne Nouvelle du bonheur, mais celui-ci est un don de Dieu.

D. M. – Si l'homme reçoit son bonheur, cela signifie qu'il ne peut pas l'atteindre lui-même. Il ne peut donc pas « s'y former » ni s'y entraîner.

P. A. – Jésus donne un bonheur spécial qu'on appelle « béatitude ». Son auditoire était constitué de malheureux et de besogneux. Il apporte un bonheur à ces gens tels qu'il sont, et il ose même leur dire : « Heureux êtes-vous, même vous, les malheureux ! heureux êtes-vous, tels que vous êtes, là où vous êtes, en votre vie réelle et besogneuse, à condition que vous ne soyez pas obsédés par vos privations mais disponibles à la gratuité du message de Dieu ! » Jésus invite à une aventure exigeante et réaliste, car les Béatitudes sont à la fois un don à accueillir et une tâche à accomplir. J'aime bien jouer sur deux mots allemands, *Gabe*, un don, un cadeau, et *Aufgabe*, un effort, un travail. Les Béatitudes sont les deux, *Gabe* et *Aufgabe*.

D. M. – Nous sommes en plein paradoxe.

P. A. – Les petits seront exaltés, les opprimés glorifiés et les obstacles transmutés en moyens ! Ces obstacles transformés en moyens, c'est comme le lierre qui rencontre un mur : il s'y accroche, grimpe dessus et passe de l'autre côté. Grâce aux Béatitudes, tout obstacle au bonheur devient moyen pour être heureux, et même, à l'extrême, l'impossible devient le chemin nécessaire, âpre à parcourir. Jésus nous engage sur des sentiers malaisés, en nous promettant le bonheur. Paradoxales sont ses Béatitudes, mais vrai est ce bonheur : il vient « d'ailleurs ».

Jésus nous annonce même que la mort ouvre au bonheur suprême, la communion parfaite dans l'amour. Cette communion interpersonnelle dans l'amour est notre bonheur dès ici-bas et elle sera notre bonheur éternel, car Dieu est communion et il est le seul réel qui soit éternel. La communion est le sens unique de notre bonheur, sa structure dynamique. L'homme est élan vers cet au-delà qui, seul, le comblera. Tout bonheur, actuel, même à notre insu, est toujours fléché en forme de désir, selon la parole célèbre de saint Augustin : « Tu nous as faits pour toi, Seigneur, et notre cœur est sans repos tant qu'il ne demeure en toi. » C'est pourquoi, profondément dans notre être, nous pressentons que le plus beau est encore à venir.

Chapitre 5

La vie, la mort, l'amour

Dominique MEGGLÉ – Père, vous voulez parler de Jésus, mais ce sujet n'aurait-il pas plutôt sa place dans un ouvrage religieux ? Nos entretiens concernent les problèmes humains contemporains.

Père AMÉDÉE – Être homme ? C'est la question la plus urgente à résoudre pour l'homme d'aujourd'hui. La personnalité historique de Jésus est le condensé de tous les thèmes que nous avons abordés. Il est à la cime de la vie, de la mort et de l'amour. Aujourd'hui d'ailleurs, il est partout, exerçant une étrange séduction.

D. M. – Il y a eu tellement de représentations différentes de Jésus que je doute qu'on puisse en faire une référence fiable pour notre époque d'incertitudes. Est-il un Dieu, un révolutionnaire socialiste, un apôtre de la non-violence, l'inspirateur des Droits de l'homme ou un symbole cosmique, un « avatar » christique comme le prétend le Nouvel Âge ? Et s'il n'était qu'un simple fantasme changeant au gré de nos désirs ? S'il n'était qu'une simple création psychologique destinée à nous soulager de nos angoisses ? Jésus est-il autre que ce que j'en fais ? Existe-t-il un Jésus objectivement réel qui ne serait pas la projection de mes besoins affectifs ?

P. A. – Dans toutes ces représentations, on perçoit les désirs, les craintes et les espoirs les plus profonds de l'homme et Jésus demeure le plus haut sommet de la grandeur humaine de toute l'histoire. Chaque année à Pâques, je pose un devinette à mes amis. Je leur dis : « Bien ! Vous vous apprêtez à participer à la veillée de Pâques, mais attention ! au sortir de la célébration, vous allez brusquement vous retrouver devant un micro en mondovision, et on va vous demander : "Il paraît que, pour vous chrétiens, cette nuit est le plus grand moment de l'année. Alors quel événement êtes-vous en train de vivre maintenant ? Vous avez cinquante secondes pour donner votre message, et pas une seconde de plus." »

Et voici mon message : « Il y a environ deux mille ans, à quelques heures d'avion de Paris, au pays dit aujourd'hui Palestine, un homme est mort, bien mort et affreusement mort puisque crucifié, son cadavre emmuré et scellé. Trois jours après, des témoins authentiques l'ont reconnu vivant, bien vivant, mais tout autrement. Leur vie en a été bouleversée car, ainsi, Dieu attestait que ce Jésus était à jamais l'Amour plus fort que la mort. Aujourd'hui encore, il est vivant. Si cela est vrai, toute notre destinée peut en être changée. Je vous livre ce message de vie en toute gratuité, liberté et amitié. »

D. M. – Le problème est de savoir si Jésus a vraiment existé.

P. A. – Plus aucune autorité scientifique ne conteste son historicité. Aucune littérature ancienne n'est plus attestée, donc assurée, que celle concernant ce juif du Ier siècle. À votre question, on répond par un fait historique : il y a des témoins et il y a les textes écrits par ces témoins. Ces textes sont les évangiles, les écrits de Paul et d'autres, qui forment *le Nouveau Testament,* et leurs auteurs nous transmettent l'expérience qu'ils ont vécue : ils étaient dans un état de profond abattement, vraiment « détruits » par la mort affreuse de Jésus, et quelques jours après on les retrouve totalement transformés. Il y a là un fait historique et ils l'ont attesté...

D. M. – S'ils étaient « détruits » psychologiquement par la mort du Christ, cela n'en faisait pas des témoins fiables. Peut-on accorder crédit à des témoins bouleversés ? L'hyperactivité ensuite de ces témoins, leur passion à répandre le « message » ne témoignerait-elle pas d'un deuil pathologique ? En clinique, on voit des hommes qui ont perdu un être cher se livrer ensuite à une hyperactivité frénétique. Ils cherchent ainsi à dénier une perte insupportable.

P. A. – Au contraire, le choc vient d'ailleurs. Une telle transformation, psychologiquement inexplicable, a été provoquée par cet incroyable « événement-Jésus ». Ce Jésus que les témoins avaient connu bien vivant, vivant avec eux, comme eux, ce

Jésus qu'ils avaient pleuré mort, bien mort, affreusement mort, le voilà à nouveau vivant, bien vivant, plus vivant qu'eux, mais tout autrement.

D. M. – Bouleversés par la mort de cet ami extraordinairement attachant, n'ont-ils pas été, tout simplement, les jouets de leurs imaginations ?

P. A. – Au contraire. Ils étaient méfiants, réticents et n'ont pas « calé » quand les premières personnes, des femmes, sont venues leur annoncer qu'il était ressuscité et qu'elles l'avaient vu. Ils se sont même moqués d'elles en disant qu'elles avaient des hallucinations « de bonnes femmes » ; parce qu'un pareil événement était complètement impossible. Thomas, l'incrédule, en est le plus bel exemple. Il dit : « Je ne céderai pas. Je ne capitulerai pas. Si je ne contrôle pas moi-même les traces des clous dans ses mains, je ne croirai pas. »

Et même, comme l'affirme le scénariste Didier Decoin, « Jésus a raté son scénario » ! Après sa mort, il aurait dû apparaître d'une manière sensationnelle et s'imposer à ses ennemis dans un décor spectaculaire ! Quelle revanche alors contre ceux qui l'avaient tué ! Au contraire, tout s'est fait discrètement, mais divinement. Jésus se rend visible quand il veut, à qui il veut. Cette présence soudaine et étrange est perçue par les témoins choisis : quelqu'un est là, ils n'en doutent pas. Ils le voient, l'entendent et le touchent. Ils n'ont pas provoqué cette expérience, mais ils l'accueillent. D'autre part, quand il se manifeste à eux, le Ressuscité agit en même temps sur leur cœur par son Esprit : il illumine les yeux de leur cœur pour qu'ils « reconnaissent » ainsi par la foi le vrai Jésus, vivant mais tout autrement. Se donnant à voir sensoriellement, il se fait reconnaître intérieurement. Ainsi il crée les témoins fondateurs, à la foi inébranlable.

D. M. – De quelle sorte de vie vit Jésus après sa mort ? Vous dites qu'il vit, mais *comment* ? D'autre part, en quoi ce phénomène extraordinaire de la Résurrection peut-il concerner notre vie ordinaire d'hommes d'aujourd'hui ?

P. A. – Nous n'avons aucune expérience dans notre existence terrestre qui nous permette de répondre à votre première question. Jésus fait sentir qu'il n'est pas un fantôme : à l'une de ses apparitions, il demande aux apôtres s'ils ont quelque chose à lui donner à manger ; à Thomas, il demande de mettre les doigts dans ses plaies. Il leur offre ainsi des preuves pour leur montrer qu'il est vraiment vivant et il ouvre leur cœur pour qu'ils croient. Ressuscité, il a un corps réel, et tout en lui a été transfiguré par la puissance de l'Esprit de Dieu. Il est un homme parvenu à ce que j'appelle « la vie humaine parfaite ». Mais nous n'avons aucune expérience de ce monde-là. Nous savons seulement que nous serons entraînés par Jésus et comme lui transformés. C'est là que nous sommes immédiatement concernés, pour répondre à votre seconde question. La Bonne Nouvelle pour l'homme d'aujourd'hui est celle-ci : Jésus est vivant, et pour nous il a brisé les frontières de la mort ! Il est l'amour plus fort que la mort.

D. M. – Encore faut-il y croire !

P. A. – Comprenons bien qu'il s'agit d'une foi lucide et exigeante, fondée sur une expérience authentique de témoins véridiques. Les documents affirmant la résurrection de Jésus sont les documents littéraires qui ont été les plus analysés, les plus étudiés et les plus « matraqués » par les chercheurs : historiens et théologiens, exégètes, paléontologues et archéologues, structuralistes et artistes, sociologues et psychologues... Or, ces textes subsistent aujourd'hui dans toute leur fraîcheur après deux mille ans et ils sont les *best-sellers* du monde entier.

Selon ces écrits, Jésus a été à la fois vraiment homme et vraiment Dieu, et Dieu s'est dit par cet homme. Dieu, il a travaillé avec des mains d'homme, il a pensé avec une intelligence d'homme, il a agi avec une volonté d'homme, il a aimé avec un cœur d'homme. Il a assumé la nature humaine dans sa faiblesse, et même il est allé très loin dans la peine et la misère. Il a fait l'expérience éprouvante de tout ce que nous avons vu dans nos entretiens précédents : l'aquoibonite, les trois E, la quête si éprouvante du sens, le malheur en lieu du bonheur désiré... Il a vécu avec acuité une des plus dures expériences humaines : l'échec.

D. M. – Pourquoi avoir pris un chemin si compliqué pour arriver finalement au triomphe de la Résurrection ? N'aurait-il pas été plus simple (s'il était Dieu) de débarrasser l'homme du fardeau de sa misère et de sa souffrance plutôt que de l'assumer ? Nous aspirons tous au développement de notre personnalité et à l'épanouissement de nos capacités. C'est même l'objectif des psychothérapies actuelles, mais vous, vous évoquez un Dieu-homme qui cherche l'anéantissement et remporte ensuite une victoire si « discrète » qu'elle a l'air d'un « scénario raté » ; en plus, vous affirmez que nous ne pouvons nous faire aucune idée de ce qu'est cette victoire car nous n'avons « aucune expérience de ce monde-là » ! Est-ce si enthousiasmant pour l'homme contemporain et pour celui qui le soigne ?

P. A. – L'itinéraire que Jésus a suivi révèle son mystère. De manière déroutante, il a pris la voie qui descend : il est allé librement vers la mort ! J'ai été très marqué par la méditation d'un franciscain, Eloi Leclerc, qui, à 22 ans, a connu en 1945 les camps de la mort et subi l'exode terrible de Buchenwald à Dachau : partis 5 000, entassés, écrasés dans des wagons à ciel ouvert, ils sont arrivés 1 200. Il crie alors son désarroi : « Mon Dieu, pourquoi une telle horreur ? Comment Dieu peut-il rester spectateur ? » Et voici ce qu'il en dit aujourd'hui : « Depuis quarante ans, j'ai vécu dans le silence et la méditation, et j'ai essayé de saisir l'expérience de ce juif du Ier siècle, Jésus de Nazareth. Résultat : la relecture de l'aventure de Jésus, en son itinéraire unique, a été pour moi une source d'espérance. Aujourd'hui, je vois que l'horreur du Golgotha est la seule lueur sur l'horreur de la Shoah. »

En s'intéressant à la personnalité historique de Jésus, Leclerc découvre finalement que la trajectoire étonnante de celui-ci révèle *un Dieu plus grand*. Aujourd'hui, il faut présenter à tous les hommes ce Dieu plus grand, plus grand que tout, plus grand que nos idées et plus grand que nos représentations.

D. M. – Un Dieu plus grand que ma psychologie, mes besoins, mes fantasmes. Comme je le souhaite, alors ! Il serait le seul qui puisse servir à l'équilibre psychique ! Mais comment un Dieu qui se fait homme et souffre peut-il révéler un Dieu plus grand ?

P. A. – Au point de départ, Jésus s'est enraciné dans un lieu, dans un peuple, dans une religion et une tradition. Dans sa prédication, il proclame le bonheur de Dieu, qui est d'aimer les malheureux, tous les malheureux, indistinctement, gratuitement et passionnément, mais il bute sur le refus des notables religieux de son époque et l'on arrive à l'affrontement. Pour eux, la majesté de Dieu et le respect de la Loi divine léguée par Moïse sont un absolu. Plus qu'eux, Jésus a le sens de Dieu, mais pour lui la Loi vivante est l'attrait de la tendresse du Père.

Jésus sent l'acharnement de ses adversaires : ils le poursuivent sans pitié, mais il s'obstine en sa fidélité. Ce sera l'impasse, il le sait, en souffre et continue. Il s'en va au point culminant de sa mission, l'abominable mort en Croix : voilà que cet homme, Jésus, qui fit tant de fois l'expérience bouleversante de la tendresse de Dieu, le voilà qui va y éprouver à l'extrême la détresse, l'absence de Dieu, le silence du Père. Épreuve unique et indicible ! Le Fils a alors le sentiment d'être hors de Dieu. Or, le Fils ne peut vivre hors du Père. C'est l'agonie du Fils.

Il s'engage dans cette agonie en absolue liberté, la liberté d'aimer et d'aimer divinement. Oui, une telle horreur de détresse est, dans le mystère de l'amour divin, splendeur de tendresse. Jésus meurt abandonné afin que tous les abandonnés soient sauvés. Jésus meurt exclu, comme hors de Dieu, afin de sauver tous les exclus. Ainsi est manifestée la gratuité absolue de l'Amour éternel incarné en lui. Paradoxe de la Croix ! Par son cri de Fils crucifié, abandonné à la mort, Jésus donne Dieu à tous les sans-Dieu.

Dans ce paroxysme d'iniquité qu'est la Croix, on assiste au paradoxe suprême de l'amour divin : au fond même de sa situation d'exclu abandonné, Jésus est le Fils bien-aimé, vivant de la tendresse du Père. Ainsi, le Crucifié est l'être le plus uni à Dieu et le plus uni aux hommes. Il n'est qu'Amour en ayant une mort de maudit. Son dernier cri : « Père, Père, pourquoi m'as-tu abandonné ? » est une source inépuisable d'espérance car, depuis ce cri, tout a sens de vie !

D. M. – C'est ce paradoxe absolu d'un Dieu-homme subissant un paroxysme d'injustice et de souffrance qui révèle que Dieu est totalement au-delà de l'image qu'un homme peut s'en faire. Il manifeste ainsi que le vrai Dieu est plus grand que nos représentations. Mais s'il est tellement tout autre que nous, qu'avons-nous en commun, lui et moi, en dehors du fait qu'il a traversé l'histoire à un moment donné pour y vivre cette invraisemblable aventure où il a souffert comme souffrent les hommes ? Celle-ci a seulement la valeur d'un souvenir que nous pouvons nous rappeler pour nous donner du courage quand nous sommes dans l'épreuve. Pire, le parcours de Jésus est même plutôt décourageant pour nous : à quoi bon lutter contre l'injustice sur la terre si même lui en a été la victime impuissante ?

P. A. – Quand Jésus a été, pendant des heures, les bras étendus sur la Croix, il est allé à l'extrême de l'Amour. À ce moment, il a pris sur lui le destin de tous les humains de tous les temps et de tous les lieux. Désormais, chaque homme est mystérieusement uni à Jésus Christ qui est l'« Unique », le chef de l'humanité nouvelle. En se faisant homme, Jésus s'est, en quelque sorte, uni à tout être humain. Et ce qu'il faut comprendre aussi, c'est que Jésus est vivant aujourd'hui, ici, avec son corps ressuscité. Stupéfiante aventure ! Désormais tout passe par la chair, y compris Dieu. Mais oui ! Par le corps ! Le corps physique de Jésus ressuscité est la première cellule du cosmos nouveau.

Les chrétiens sont déjà unis mystiquement au Christ. Quand je dis « mystiquement », je parle d'une réalité plus réelle que le réel apparent. Les chrétiens, unis mystiquement au Christ par le baptême, sont déjà morts et ressuscités avec lui. Ce qui, pour lui, est un état physique et définitif est, pour eux, un état mystique. Jésus vivant est, en corps et âme, dans le monde réel définitif, plus réel que notre monde actuel, bien plus réel que notre monde caduc provisoire. Seul il a atteint la vie humaine parfaite et, comme nous lui sommes unis, il nous fait tendre vers notre accomplissement définitif et éternel en lui. C'est la Bonne Nouvelle. Universelle, elle est pour tous les hommes.

D. M. – Dans votre vision, l'histoire de Jésus donne un sens à toutes les souffrances de nos vies d'hommes ordinaires : pour vous, dès qu'un homme souffre, c'est Jésus qui souffre en lui. Dans les bilans d'évaluation psychologique et psychiatrique, l'importance pour le patient de sa foi religieuse est habituellement sous-estimée, quand elle n'est pas tout simplement occultée. Pourtant, voilà une ressource qui, si elle est vécue sainement, doit contribuer à l'amélioration de son état. En effet, le chrétien, s'il ne sait pas *pourquoi* il souffre, sait au moins *avec qui* il souffre et *vers quoi* il tend. Il a bien de la chance !

P. A. – Je n'aime pas entendre dire que le chrétien a « de la chance ». Jésus veut s'offrir à tous et son Dieu est l'avenir absolu de l'humanité. Pourquoi ? Parce que le seul critère d'une vraie relation à Dieu est une vraie relation à l'homme. Or, précisément, le Dieu révélé par Jésus Christ est celui qui nous donne la vraie relation à Dieu et la vraie relation à l'homme. Pourquoi ? Parce que Jésus est le Dieu-homme. Une religion vraie pour le troisième millénaire doit promouvoir la vraie humanité. Plus le christianisme aura souci de l'humain, plus il sera dans la ligne de Jésus de Nazareth, tout donné aux hommes parce que tout donné à Dieu, et plus dans cette solidarité il manifestera sa vérité, la bonne nouvelle du Dieu plus grand, Dieu d'Amour pour tous, qui crée l'aventure la plus vitale pour l'homme. Cette aventure est que toute mort est passage à la vie dans l'amour. Toute l'aventure humaine et divine est de mort et d'amour, mais l'amour a le dernier mot. Dans notre temps de brassage de religions, de croyances, de cultures et de donneurs de sens, il faut apporter au monde ce Dieu plus grand.

D. M. – Dans la vie humaine, l'amour n'a pas toujours le dernier mot et tous, à un moment ou un autre, nous vivons des situations dramatiques où l'amour et la mort sont en jeu avec une intensité inouïe. Les jeunes gens séropositifs en font, par exemple, l'expérience. Pour eux, l'amour mène à la mort. Mais quel amour et quelle mort ?

L'amour est partout, que ce soit dans les littératures, le roman, le théâtre, les médias et toute la vie sociale et culturelle. On le voit dans les publicités, les réclames et tout l'érotisme. Il suffit de penser au succès de l'émission *Lovin' fun*. Et on voudrait un amour sans risque. Peut-on supprimer le risque ? Il y a un malaise inquiétant. Le mal d'aimer révèle un mal plus profond, qui est un mal d'être typique de la société actuelle. Que dire à l'un de ces jeunes « Cyril Collard » qui, angoissé, vous demande de l'aide, mais en même temps vous fait sentir qu'entre lui et vous existe une barrière infranchissable puisqu'il est séropositif et que vous ne l'êtes pas ? Pensez-vous que le jeune sidéen est puni par la maladie parce qu'il n'a pas aimé ? Au contraire, il a aimé et va mourir. Il se sent floué !

P. A. – Chacun est mû par un amour. Mais peut-on définir ce mystère, le plus existentiel qui soit ? On peut seulement essayer d'exprimer ce qu'est aimer en vérité. L'art de vivre humainement est d'apprendre à aimer vraiment. On meurt d'être isolé, on vit d'être aimé. Comme si l'homme était un besoin d'amour.

D. M. – La santé humaine est de se savoir aimé. Me savoir aimé me donne confiance en moi. Quand on se sait aimé, on commence à avoir de l'estime pour soi. Déjà, l'enfant apprend à s'aimer sous le regard aimant de ses parents. Toute la psychologie est fondée sur cette base.

P. A. – Le refus d'aimer est le virus le plus néfaste qui puisse s'introduire dans le cœur humain. « Je ne veux pas aimer ! » : voilà une maladie propre à l'homme. Ce refus corrode la personnalité humaine.

D. M. – Est-il réellement possible de refuser d'aimer ? Croyez-vous que l'homme puisse choisir de ne pas aimer ?

P. A. – Oui ! Liberté du choix ! On préfère le repli sur soi, alors que l'amour est sortie de soi et élan vers l'autre. C'est cela, le péché : toujours un refus d'amour. Le péché est de ne pas aimer. Mais alors, comment aimer en vérité ? L'amour est de l'ordre de l'être et non de l'avoir. C'est mon être en élan vers un autre *comme sujet, non comme objet,* si bien que la vérité de l'autre n'est pressentie que dans l'amour : l'amour est la vérité de ma relation à l'autre. Seul l'amour peut me faire découvrir l'autre, jusque dans son mystère. Seul le cœur aimant est clairvoyant.

D. M. – L'amour rend plus intelligent ?

P. A. – Oui, l'amour vrai est libérateur et saisit « de l'intérieur » la vérité du cœur. Ma suprême liberté est d'aimer, d'aimer en vérité, donc d'un amour oblatif. Si je me recherche moi-même, c'est de l'amour captatif. Je prends l'autre et je m'en sers comme d'un objet qui facilite la recherche de moi-même. Ce faux amour est le contraire du vrai qui est élan vers l'autre et dont la logique est d'attraction. Si je suis aimé, je suis attiré par l'autre, je suis littéralement aimanté par lui. Pour qu'il y ait cette aimantation, il faut que je donne ma foi : je dois croire en l'autre. L'amour est toujours un acte de foi. Un être incapable de donner sa confiance, de donner sa foi, de faire foi, de se fier en l'autre, ne peut pas aimer.

D. M. – Il est même gravement handicapé psychologiquement et socialement. On pourrait même étudier tous les troubles psychiques comme des perturbations de la foi, c'est-à-dire comme étant produits par un perte de confiance en soi ou en les autres, ou bien comme conduisant à cette perte de confiance.

P. A. – Cela va très loin. Parce qu'aimer, c'est se décentrer et sortir de soi au lieu de se recroqueviller dans un mouvement de recherche de soi et d'ipsation. Je m'aime jusqu'à m'oublier moi-même pour le bonheur de l'autre. Aimer vraiment, c'est souvent aimer à ses dépens. L'amour vrai est toujours pauvre, humble et dépendant. Il est le contraire de l'amour gourmand qui dit : j'aime et je prends pour moi. L'amour émerveillé est gratuit. Il se donne et s'oublie.

Il est à la fois accueil et don. Il faut que je sois capable d'accueillir l'autre. Il y a une réciprocité et un dépassement mutuel. Je ne trouve mon « moi » que dans l'élan vers « toi ».

D. M. – Cela suppose un sacré risque qui peut être déstabilisant !

P. A. – L'amour est un mystère de gratuité dans l'accueil et dans le don. C'est en accueillant l'autre et en me donnant à lui que je deviens le plus moi-même. Le véritable amour mutuel a une condition primordiale, que j'appelle sa « vérité natale ». Cette vérité natale est un pacte réciproque qui est : « Jamais je ne te contraindrai à m'aimer. » Amour rime avec toujours. Il contient un désir d'éternité. Jacques de Bourbon-Busset parle de « l'amour fou, l'amour durable, l'amour éternel ». Non seulement il le dit, mais il le vit. Sa femme, Laurence, a disparu. Elle a disparu du réel apparent, mais elle est toujours vivante, aimante et aimée.

D. M. – Nombre de gens mariés font une expérience de ce genre. Ils pressentent quelque chose d'éternel dans leur amour.

P. A. – Qu'est l'amour sans la durée ? Les jeunes veulent faire toutes les expériences, et il leur manque la principale, celle de la durée.

D. M. – Au bout de la route, marié ou non, sidéen ou non, il y a la mort, comme l'inséparable et terrible menace qui plane sur tout amour et fondra sur lui de manière certaine un jour ou l'autre.

La mort, comme l'amour, est partout. Regardez les journaux : sans cesse des morts ! Chaque jour nous en parle : assassinats, décès d'une vedette, exécution d'un otage par un terroriste... Les vivants ont grande occupation à s'occuper des morts : commémorations, centenaires, bicentenaires et tricentenaires... Une vie qui meurt : scandale et contradiction ! L'homme est le seul animal qui sait qu'il doit mourir : quelle torture ! Et quelle expérience de pauvreté : tout le monde meurt, mais chacun vit sa mort seul ! Personne ne pourra me remplacer à ce moment-là : je ne pourrai pas mourir par délégation, et l'expérience est inédite pour chacun. Il faudra « y passer », sans savoir avant comment « ça va se passer ».

P. A. – Toutes les religions sentent d'instinct que la mort, ce mal le plus terrible pour un esprit, n'est pas normale et qu'elle est un mystère. Elle heurte de front le désir d'infini. À Vatican II, l'Église l'exprime très bien : « C'est en face de la mort que l'énigme de la condition humaine atteint son sommet. L'homme n'est pas seulement tourmenté par la souffrance et la déchéance progressive de son corps, mais plus encore par la peur d'une destruction définitive, et c'est par une inspiration juste de son cœur qu'il rejette et refuse cette ruine totale et définitive, cet échec de toute sa personne. Le germe d'éternité qu'il porte en lui, irréductible à la seule matière, s'insurge contre la mort. Toutes les tentatives de la technique, si utiles qu'elles soient, sont impuissantes à calmer son anxiété, car le prolongement de la vie que la biologie procure ne peut satisfaire ce désir d'une vie ultérieure invinciblement ancré dans son cœur. »

D. M. – Du fait de mon métier, j'ai vu un certain nombre de cadavres de gens que j'avais connus vivants. Devant un cadavre, il m'a toujours été impossible de penser que la personne était encore là. Cette matière lourde et inerte lui ressemble, mais elle est anonyme. Rien de plus banal qu'un cadavre !

P. A. – Ce n'est plus la personne : son mystère est ailleurs. Si l'amour est l'expérience suprême de l'homme, la mort est l'expérience extrême.

D. M. – Au fond, le fait de mourir doit être très simple : à un moment, on respire et l'instant d'après, on ne respire plus. Un point, c'est tout. Le reste (ce qui nous fait souffrir à son propos) est littérature d'anticipation.

P. A. – Peut-être ! Mais que sais-je de ma mort avant de l'avoir vécue ? Il est des agonies dont le souvenir est poignant et nous étreint longtemps. Choc lancinant, énigme cruelle : j'ai horreur de la mort et je ne me sens pas fait pour être mort. Pourquoi l'homme doit-il mourir alors que tout son être crie la vie ? Un chrétien pressent, en ce drame si existentiel, un mystère troublant : il doit y avoir, en cette épreuve, la trace d'une obscure blessure depuis toujours, un « péché », c'est-à-dire un refus d'aimer.

D. M. – Pour moi, la mort est inhérente à toute vie naturelle : les arbres meurent, les animaux meurent et l'homme meurt. Vous, vous la mettez en rapport avec le péché, qui n'est pas une réalité naturelle.

P. A. – Le mystère de la mort de l'homme nous place face au mystère du mal. On ne peut aborder ce sujet qu'avec prudence. Il est un langage qui peut causer tant de ravages.

D. M. – La mort d'un seul enfant vient annuler les plus beaux discours sur Dieu et son « Amour ». Vous connaissez le mot de Camus : « Je ne veux pas d'un Dieu qui torture les petits enfants. »

P. A. – À Camus, je réponds aussitôt : Rassure-toi, ami ; ce Dieu-là qui « torturerait les petits enfants » n'est qu'une caricature du vrai Dieu. Quoi ? Dieu aimerait la souffrance ? Injure ! Ce Dieu sadique serait repoussant ! Dieu inventeur du mal, auteur d'un scénario écrit à l'avance et dans lequel le mal serait comme programmé ? On dit parfois qu'il aurait pris son parti de cet élément négatif, mais là-dedans nous serions comme quelque chose d'utile au scénario d'ensemble ! C'est atroce ! Ce Dieu-là serait pervers.

D. M. – Des patients m'ont expliqué s'être détournés de la religion chrétienne parce qu'on y parlait toujours du mal, du péché et de l'enfer ! Ils se sentaient jugés à l'avance dans tous leurs actes, corsetés dans une cuirasse d'interdits qu'un beau jour ils ont fait exploser pour respirer, enfin libres. Ont-ils, après cette révolte, trouvé le bonheur ? Se sont-ils épanouis ? Non, puisqu'ils venaient me voir. Ils avaient en réalité perdu des repères puissamment ancrés dans leur inconscient par leur éducation. D'autres ont probablement mieux réussi leur « mutation » : ceux qui ne sont pas venus me consulter, mais bien sûr, comme je ne les ai jamais rencontrés, je ne peux rien en dire !

En fait, de nos jours dès qu'on évoque l'idée de Dieu, on évoque aussitôt le mal, qui apparaît comme son frère jumeau. De même, quand on pense au mal – par exemple lorsque survient un tremblement de terre dévastateur ou la mort d'un enfant –, aussitôt on pense à Dieu qui, s'il existait, ne devrait pas le permettre.

P. A. – Fulgurant éclair sur une caricature : mettre ensemble le mal et Dieu ! Depuis des milliers d'années, des milliards d'humains ont posé des milliards de pourquoi : pourquoi le mal ?... et il n'y a pas de solution. Le mal n'est pas un problème. C'est un mystère insondable.

D. M. – Si l'on n'a pas de solution à une question, alors celle-ci devient un vrai problème et affirmer encore du mal qu'il est un mystère ne nous fait pas plus avancer !

P. A. – Si vous dites que c'est un problème, l'humanité devra trouver une solution. Or, plus l'humanité avance, plus la souffrance s'étend et plus le mal s'impose et semble de plus en plus intolérable, d'autant qu'aujourd'hui, on le connaît mieux : on le voit partout.

On ne bute pas sur un mystère, on ne le règle pas, mais on y entre, on le vit et on l'approfondit. Le mystère du mal se trouve sur tout chemin et il est inévitable. Que nous le voulions ou non, il est à vivre et tous les humains le vivent. Aucun jeu de la pensée ne peut éliminer le scandale du mal. C'est un choc mystérieux, douloureux, affreux et révoltant, mais il est là et nous n'avons aucune réponse apaisante. Le mystère nous dépasse. Alors il faut attendre, espérer et croire.

Mais il faut faire une distinction entre souffrance et mal. La souffrance est un fait massif, universel, que, tous, nous connaissons. Face à un fait, il n'y a qu'une attitude réaliste : accueil ! Je ne dis pas « accepter », je dis « accueillir ». Qui se révolte contre ce fait ne le change pas, mais le rend encore plus lourd. Qui se révolte contre sa souffrance souffre encore plus. Ensuite, il faut essayer de... Non, je m'arrête, car qui oserait donner des conseils devant quelqu'un qui souffre ? Le mieux est de se taire, car que sait-on de la souffrance avant d'en faire l'expérience ?

L'abîme du mal donne le vertige. Le mal absolu est le péché absolu, éternel. Il est le Non absolu à l'Amour absolu. Un homme peut parvenir à trouver un sens d'amour à sa souffrance : il est des souffrants rayonnants d'amour. Dans la souffrance, on peut arriver à trouver un sens d'amour, tandis que le mal est un non-sens à honnir et à détruire, mais qui le peut ? Seul Dieu.

Le mal existe avant l'homme. Dans le paradis d'Éden, une ombre maléfique déjà se profile. Donc, il existe avant l'homme et il est plus fort que lui. Seul l'homme-Dieu peut le tuer.

D. M. – Mais si Dieu est Dieu, il aurait dû éviter l'apparition du mal !

P. A. – Il aurait dû ?! Alors Dieu aurait-il dû aussi ne pas créer la liberté ? Qu'aurait-il dû faire ? Créer d'impeccables robots ? Cela aurait été indigne de Lui parce qu'Il est l'Amour. Avoir créé la liberté, quel risque inouï ! Quel risque proprement divin !

D. M. – Dieu a pris le risque et nous, les hommes, nous payons « les pots cassés » ! Quelle curieuse logique !

P. A. – Entre Dieu et le mal, il y a une contradiction absolue. Dieu n'est qu'Amour. Le mal est le non-amour absolu. Dieu ne peut pas concevoir le mal : s'il l'avait conçu de toute éternité, c'eût été pour le réaliser. Or, comment peut-on imaginer que Dieu ait été la matrice du mal ? Un jour, je parlais de cette question devant un auditoire féminin, réticent à cette perspective. Je leur ai dit : « Vous autres femmes, vous êtes pourtant bien capables de comprendre ce que c'est que concevoir. Alors essayez d'imaginer un Dieu qui, de toute éternité, a conçu l'idée du Mal. C'est une contradiction absolue ! »

D. M. – Il y a donc deux dieux indépendants et coexistants : l'Amour et le Mal, ou comme dirait

Freud, deux pulsions, celle de vie – Éros – et celle de mort – Thanatos.

P. A. – Non, il y a un seul Dieu, qui est Amour et créateur de liberté, et le mal veut la mort de Dieu. Aux origines de l'humanité, Satan s'aperçoit que des êtres mystérieux, les hommes, ont apparu, créés à l'image de Dieu qu'il hait. Aussitôt, puisqu'il ne peut pas attaquer Dieu directement, il s'en prend à ses nouvelles créatures. Plus tard, lorsque Dieu se fait homme, il se rend vulnérable. Aussitôt, le mal le vise et l'attaque directement. Cet affrontement suprême sera l'expérience extrême de Jésus de Nazareth, l'inimaginable affrontement de l'amour et de la mort. C'est là qu'il faut saisir l'amour divin.

Toute vie est mystérieuse, et le mal plus fort que l'homme. Certaines vies humaines se terminent ainsi par un « à quoi bon ? » suicidaire : « À quoi bon puisqu'il n'y a pas d'amour ? » Avec Cyril Collard, nous avons déjà évoqué cet amour qui conduit à la mort. Il y a aussi un amour plus fort que la mort. Ces deux amours se rencontrent chez le chrétien. Un chrétien est un être saisi par Jésus Christ pour aimer comme lui. Être chrétien ne consiste pas à essayer d'aimer : tous les hommes le font. Être chrétien, c'est croire à l'Amour absolu révélé en Jésus. L'Amour divin s'est incarné en un être qui est à la fois Dieu et homme. Jésus crucifié est la clef de toute la « christianité ». Remarquez que je parle de « christianité » et non de « christianisme », car ce que le Christ nous a légué est une réalité que je répugne à réduire à un système en « isme ». La vérité vivante n'est pas à mettre sur le même plan que ces innombrables abstractions idéologiques nommées capitalisme, socialisme, naturalisme, conservatisme, modernisme ou autres.

D. M. – J'ignore s'il convient de dire « christianité » plutôt que « christianisme » ; en tout cas, je ne me vois pas dire à un cancéreux qui souffre : « Pensez à Jésus crucifié et tout ira mieux » !

P. A. – Il faut être extrêmement discret et délicat avec les souffrants. Mgr Ancel, devenu vieux, usé et souffrant, confiait à un ami : « La souffrance n'est intéressante en rien ! » Et le père de Lubac disait : « Quand on souffre vraiment, on souffre toujours mal. » On n'en peut plus. On ne peut plus rien. « À quoi ça sert de souffrir ? » se demande-t-on alors. Et on pense : « Ça sert à rien ! » « À quoi sert cette pauvreté ? » On pense : « À rien ! » Mais voici qu'à travers ce rien, tout doucement, quelqu'un passe, Dieu dans la figure de Jésus en croix. Et voilà le Dieu plus grand qui, par Jésus Christ, s'est révélé dans l'aventure extrême de l'amour et de la mort.

D. M. – Mais Jésus en croix, c'est révoltant !

P. A. – Oui, révoltant et criant ! La croix : voilà l'une des images qui a le plus d'impact sur toute l'aventure humaine, car cet innocent totalement innocent meurt de trop aimer ! Jésus en croix : mais pourquoi ? pourquoi ?... Réponse : Cet amour est sans pourquoi. C'est infini. Saint Bernard l'avait si bien dit : l'amour est à la fois son motif, son but et sa fin ; il n'a qu'une loi, c'est d'aimer, et l'amour de Dieu, c'est l'amour de suprême gratuité.

J'ai 82 ans. Désormais, la « vue » sur ma mort fait partie de ma vie. Mais que sait-on de sa mort avant de l'avoir vécue ? Que sera ce passage ? Qui le sait sinon l'ultime passeur, lui l'universel Sauveur ? Il a réussi l'alliance de l'amour et de la mort. Alors, en une expérience extrême que j'appelle « éclair éternel », Jésus donnera à ma mort le sens de la sienne toute d'amour. Il fait de la mort, qui est toujours une destruction et une corruption, un passage à la vie. Résultat inouï : en mourant avec lui et en lui, je vis une inconcevable communion avec l'homme-Dieu qui est la source de la vie, « la vie humaine parfaite ».

Chapitre 6

Homme et femme : le grand face-à-face

Dominique MEGGLÉ – Alors, mon Père, pardonnez-moi ce raccourci, vous êtes un moine intéressé par la question des femmes ?

Père AMÉDÉE – Pas par la question des femmes, mais par celle de la relation homme-femme. La question est moins simpliste, mais son enjeu est actuel et grave. En effet, cette relation homme-femme est *la* relation fondamentale et elle est la plus symbolique de la relation à Dieu.

D. M. – Mais vous, moines, vous n'avez pas accès à la relation à la femme. En choisissant le célibat et en vous cloîtrant, vous y avez renoncé.

P. A. – Il ne s'agit pas de femmes ou d'hommes. Il s'agit de l'humain, et la relation homme-femme est la voie pour être humain. D'ailleurs, tant que cette question n'est pas résolue pour chacun, qu'il soit en couvent ou en plein vent, et dans le sens de sa vocation bien sûr, l'humain en lui est tronqué ou déformé. Bien sûr, le mot « moine » vient du grec *monos,* « seul ». Le moine est quelqu'un qui vit seul, mais s'il cherche à être seul, c'est pour n'être jamais seul. Sa vie intérieure est une vie relationnelle intense avec les autres et avec Dieu, dans la même logique. Mariés ou célibataires, époux ou moines, nous sommes tous créés par l'amour pour aller à l'amour par un seul chemin, l'amour ! Le reste est secondaire.

D. M. – Homme-femme est une réalité intérieure à chaque personne humaine. Chaque personne est structurée par une alliance plus ou moins réussie entre le masculin et le féminin.

P. A. – L'équilibre du masculin et du féminin est pour tout humain un problème important à résoudre. De fait, l'expérience a montré que, dans une vocation religieuse, cette question est la plus délicate à gérer. Les difficultés que peuvent rencontrer les religieux viennent souvent de problèmes affectifs non résolus.

D. M. – Vous voulez dire d'une homosexualité ?

P. A. – Nullement ; je parle de l'affectivité en sa dimension relationnelle pour évoquer sa valeur d'humanisation. Tout problème affectif vient du fait que l'on n'a pas réglé la question de la relation homme-femme.

D. M. – Selon la psychanalyse, toutes les névroses proviennent de là. Cependant il faut avoir une perspective plus large que la seule dimension de l'équilibre homme-femme à l'intérieur du psychisme d'un même individu. La dimension interpersonnelle est aussi importante. J'ai quotidiennement à traiter des problèmes conjugaux, des conséquences de ruptures sentimentales et des troubles sexuels. Bien souvent, le patient à soigner n'est pas seulement « le malade » amené à la consultation, mais le couple, voire la famille entière. Les symptômes du patient (dépression, impuissance, phobies, etc.) peuvent témoigner d'une rupture d'équilibre du groupe familial, et quand on parvient à rétablir cet équilibre, alors ces symptômes ont de grandes chances de disparaître. Après des années de thérapie de couples, il m'arrive de penser qu'une amitié durable entre un homme et une femme est un miracle permanent, tant leurs visions du monde, leurs manières d'appréhender la réalité et leurs façons d'y réagir sont différentes !

P. A. – Que de rencontres j'ai faites avec des jeunes, des fiancés et des couples ! Me revient en mémoire ce week-end avec des officiers de marine de Cherbourg. Intense moment de réflexion sur les problèmes conjugaux les plus subtils, les plus épineux. Moines ou marins, nous nous sentions tous « embarqués » dans la même aventure humaine : apprendre à aimer de plus en plus pour s'humaniser de mieux en mieux. L'amour véritable est exigeant, car la relation homme-femme doit être fondée sur la différence assumée, acceptée et aimée.

D. M. – Sinon, c'est l'enfer : amertume, ressentiment, jalousie, violence, crimes passionnels... La majorité des meurtres sont commis sur les proches, et non sur des étrangers. Le réalisateur Polanski a admirablement montré cette mécanique infernale dans son film *Lune de fiel*. Dès que la petite serveuse Mimi, maîtresse d'Oscar, s'affirme comme sujet autre et montre qu'elle ne veut pas être un objet à posséder, alors leur histoire d'amour tourne de l'éblouissement à la rage.

P. A. – Que de fois, recevant des fiancés, je les ai avertis ! « Vous vous engagez dans une aventure exigeante qui peut être décevante ou éprouvante. » Prenons l'exemple de deux fiancés : Pierre et Anne. « Pierre, au fur et à mesure que tu aimeras Anne, tu la feras devenir de plus en plus elle-même, de plus en plus femme, donc de plus en plus autre que toi. Et toi, Anne, au fur et à mesure que tu aimeras Pierre, tu le feras devenir de plus en plus lui-même, de plus en plus homme, de plus en plus différent de toi. » Là gît le grand piège.

Depuis des années est profondément gravée dans mon esprit et dans mon cœur une grande image – un homme et une femme, les yeux dans les yeux – et surtout la légende de Rainer Maria Rilke : « Le partage total entre deux êtres est impossible. Chaque fois que l'on pourrait croire qu'un tel partage a été réalisé, il s'agit d'un accord qui frustre l'un des partenaires ou même tous les deux. Il le frustre de la possibilité de se développer pleinement. Mais lorsqu'on a pris conscience de la distance infinie qu'il y aura toujours entre deux êtres humains, quels qu'ils soient, une merveilleuse vie côte à côte devient possible. Il faudra que les deux partenaires deviennent capables d'aimer cette distance qui les sépare, grâce à laquelle chacun des deux aperçoit l'autre entier, découpé sur le ciel. »

D. M. – Beaucoup de couples passent leur temps à marchander. Ils se disent : « Je te donne ça et toi, tu me donnes ça », ou pire : « Je te donne ça *si* tu me donnes ça. » Alors, l'échec conjugal est garanti.

Mais le plus dévastateur, ce sont les tentatives de conversion de l'un des conjoints par l'autre. Elles reposent toujours sur cette terrible *musturbation,* cette intoxication par les « il faut, il faudrait, on devrait... » que j'avais dénoncée comme obstacle majeur dans la quête du bonheur. Dans un premier temps, la femme pense de son mari (ou l'inverse) : « Il(elle) ne devrait pas être comme ça », « Il faut qu'il(elle) fasse autrement » (sous-entendu : comme moi), puis, logiquement : « Il faut qu'il(elle) change et je vais l'aider. » Quand, dans un couple en difficulté, on amène les conjoints à cesser les tentatives de conversion réciproques, on apporte un grand soulagement. En thérapie, j'apprends même aux gens à réussir leurs scènes de ménage plutôt qu'à les faire avorter dès qu'elles se pointent à l'horizon !

Ce qui rend les problèmes plus délicats, c'est le bouleversement actuel concernant les rôles et les statuts de l'homme et de la femme, au moins dans nos sociétés. Pendant des siècles de l'histoire de l'humanité, tantôt la femme a été dominée, exploitée ou au contraire idolâtrée, tantôt l'homme a été dominé, exploité ou au contraire idolâtré. Aujourd'hui, dans les pays intégristes musulmans, être une femme est encore un crime et elles y sont couramment battues ou répudiées ; en revanche chez nous, la revendication féministe a été si vive depuis trente ans qu'à présent on sent une crise d'incertitude. Qu'est-ce qu'être homme ? Qu'est-ce qu'être femme ?

P. A. – C'est l'enjeu de la différence et de l'identité et cet enjeu est l'enjeu le plus essentiel de nos sociétés. L'humanité est là, très exactement, à un moment crucial ou à un tournant plein d'espérance.

D. M. – D'où le succès des livres d'Élisabeth Badinter. En 1988, dans *L'un est l'autre,* elle prétend qu'il y a similarité entre l'homme et la femme et qu'ils sont rigoureusement interchangeables.

P. A. – Pour elle, le « moi » de la femme est premier et normatif. L'amour du « moi » est son éthique. La femme doit se réaliser elle-même. Le moteur de son action, c'est son cœur féminin, avec ses intermittences et ses fluctuations, non par légèreté mais par souci de vérité.

D. M. – Je dirais plutôt : non par légèreté, mais par sincérité. Être sincère, c'est-à-dire fidèle à soi-même tel que l'on se pense et se ressent, est une valeur primordiale pour l'éthique moderne qui est centrée sur le moi.

D'ailleurs la même sincérité pousse Élisabeth Badinter, en 1992 dans *XY, De l'identité masculine,* à constater que, maintenant, l'homme se trouve en état d'infériorité. Longtemps, la masculinité a semblé aller de soi et, depuis vingt ou trente ans, les femmes ont fait voler en éclats ces évidences. Les limites du masculin et du féminin sont devenues floues. À présent, l'homme (masculin) s'interroge sur son identité profonde. Il se trouve mutilé, tiraillé entre des images contradictoires. Sans cesse sommé de refouler une part essentielle de lui-même, cet homme-là est en train de mourir. Se sentant marginalisé et dévalorisé, il s'évade dans le sport, la politique ou le jeu, et j'ajouterai la dépression, l'alcool...

P. A. – Nous sommes, comme dit Michèle Aumont, « à la croisée des chemins ». Nous sommes menacés d'une véritable guerre des sexes en espérant qu'elle n'aura pas lieu car elle serait désastreuse.

D. M. – La bagarre fait déjà rage aux États-Unis et semble bien avoir commencé en Europe.

P. A. – Toute l'humanité est aujourd'hui à un tournant crucial : elle va, ou bien s'enfoncer dans la similarité et l'identité totale, ou bien se diriger vers une voie qui est la seule voie de promotion pour sa dignité et son avenir. Dans cette voie de promotion, chacun deviendra de plus en plus homme, chacune de plus en plus femme, les deux s'aimant dans la différence.

D. M. – Mais comment comprendre le fait sexuel ? Comment comprendre qu'il y ait des hommes et des femmes ? Tout serait peut-être plus simple si l'humanité était androgyne !

P. A. – Pour comprendre le fait sexuel, il faut parler de l'humanisation. L'humanisation s'est accomplie progressivement au long de l'évolution.

D. M. – Vous prenez pour base de départ l'évolution des espèces vers l'hominisation au sens darwinien ?

P. A. – Non. Je ne veux pas parler de la théorie de Darwin. Ce serait passionnant, mais nous entraînerait trop loin. Je parle d'« évolution » dans un sens large et, dans mon langage, « d'humanisation ». L'homme n'est pas apparu immédiatement dans l'histoire. Or, il faut bien admettre que la sexualité est l'axe même de la structure humaine. On ne peut la comprendre que si l'on saisit cela. Alors il devient très significatif de jeter un regard rapide sur l'histoire pour souligner cette révolution biologique inouïe qu'est le phénomène de sexualisation.

Le père Bruno Ribes le dit très bien : « Il y a eu dans l'histoire de l'évolution un événement biologique qui a tout bouleversé. Jusque-là fonctionnait la "logique de la bactérie" qui agit selon un certain ordre quantitatif. Une bactérie en fait deux qui en font quatre puis huit puis seize. Mais voici que survient un seuil stupéfiant, celui de la "logique de la différence". Ce n'est plus deux qui viennent de l'un, mais l'un qui vient de deux. L'aventure de la vie n'est plus la logique d'un seul vivant mais une œuvre entre deux vivants. » Ce phénomène extraordinaire va commander toute l'humanisation.

Et voilà la bisexualité humaine : l'humain est dyade, deux. Ce fait originel est essentiel et de plus en plus actuel. L'humain se fait face, vis-à-vis, comme homme et femme. Il y a là une donnée fondatrice de toutes les relations...

D. M. – Mais s'ils sont tellement face à face, ils ne peuvent pas s'unir ! S'unir signifie devenir un. S'ils sont vis-à-vis, ils resteront toujours deux isolés, inatteignables l'un par l'autre. Comment faire œuvre « commune » ?

P. A. – Pour penser le réel, nous devons avoir une pensée tripartite, triphasée, trinitaire. Dans le réel il y a ceci *et* cela, mais le plus important est leur conjugaison vitale ; comment l'ensemble ceci-cela fonctionne. Nous autres, Occidentaux, et surtout Français cartésiens, raisonnons d'une façon binaire et même disjonctive : ou ceci ou cela, noir ou blanc. Un Japonais ou un Chinois, avec un certain sourire, vous fera toujours pressentir sa forme de pensée triphasée : « Oui, il y a le noir et le blanc, le yin et le yang, non en opposition mais en vitale conjonction. »

L'approche de la bisexualité ne peut se comprendre que dans cette forme de pensée : il y a l'homme *et* il y a la femme, *et* le plus important, comment surgit l'amour. On dit parfois que l'homme et la femme sont complémentaires. Cette vue est ambiguë. Elle risque de porter atteinte à l'intégrité de la personne, car deux êtres complémentaires sont nécessairement deux êtres incomplets. Incomplets, ils le sont d'une certaine façon, mais l'homme et la femme doivent grandir dans leur originalité propre en maintenant et en promouvant leur face-à-face dans tous les domaines, car chacun est pour l'autre accueil et réponse.

D. M. – Il n'en est pas moins vrai que ce face-à-face reste mystérieux et restant obstinément cartésien, j'aurais souhaité que nous puissions arriver à une définition du fait sexuel. Nous sommes seulement parvenus à une description plus fine susceptible de nous aider dans l'expérience quotidienne de notre sexualité.

P. A. – Définir la sexualité est une entreprise bien malaisée parce que cette structure qui fait l'humain a toujours posé problème car elle est le symbole vivant d'un fait transcendant. J'ose parfois suggérer ce mystère par une vue paradoxale assez provocatrice : il n'y a de sexualité que parce que le Créateur est Trinité ! Là est l'origine de l'humain :

« Dieu créa l'homme à son image.

À l'image de Dieu il le créa, mâle et femelle il les créa » (Genèse 1, 27).

Voilà un raccourci génial. Tout y est : l'origine (Dieu), l'égalité essentielle entre l'homme et la femme (à son image il *le* créa), et pourtant une différence originelle essentielle entre eux deux (mâle et femelle il *les* créa). Mais le plus existentiel pour eux est leur réciprocité : chacun existe vis-à-vis de l'autre, l'un pour l'autre, l'un par l'autre, dans l'unité duelle de l'amour. L'homme masculin n'est pas l'humain : Dieu a créé l'humain mâle et femelle afin que chacun devienne, dans et par cette rencontre, homme et femme à l'image de Dieu.

D. M. – Dieu n'a pas de sexe ! Comment des êtres sexués peuvent-ils être « à son image » ?

P. A. – Cette image est une ressemblance. Cette ressemblance avec Dieu advient et se forme précisément dans le dialogue de l'homme et de la femme. Dieu n'a pas créé Ève d'un côté, Adam de l'autre. Il a créé l'humain homme-femme. Il a créé un « nous ». Un « nous », c'est deux personnes qui font un. C'est ce « nous » qui est à son image et ressemblance. En effet, Jésus nous a révélé que Dieu est un « Nous » de toute éternité : il y a le Père éternel, et il y a le Fils éternel, et il y a l'éternel Amour qui les unit, l'Esprit saint. À trois, Père, Fils et Esprit, ils sont le Dieu unique. On ne peut pas les extraposer, ils sont tellement ensemble qu'ils sont Un. De même, il y a Adam, et il y a Ève et il y a leur commun amour. Ils sont l'humain. Ils sont un.

D. M. – L'Église a conduit une véritable réflexion sur la question sexuelle puisqu'elle arrive même à y voir une certaine révélation de Dieu. Il était temps ! Quand on voit les effets de sa rigidité, notamment dans l'éducation des années 1920-1930, on ne peut qu'être soulagé de savoir que l'Église a maintenant une vision nettement plus positive. Il était alors inimaginable qu'un enfant puisse parler de sexualité avec ses parents. Cela reste parfois encore difficile de nos jours, mais la situation s'est nettement améliorée. On tomberait plutôt dans l'excès inverse, avec l'obnubilation actuelle sur le sexe dans les médias. La pornographie ambiante est une catastrophe dans la mesure où elle bloque toute élaboration psychologique personnelle du fait sexuel en le réduisant à une simple affaire de glandes, d'hormones et de techniques sexuelles. La pornographie dégrade la personne en la ramenant à ses pulsions tout comme l'ancienne pruderie dégradait la personne en niant une composante essentielle de l'« être-humain ».

P. A. – Jamais l'Église n'a proposé une vision aussi belle de la relation homme-femme, et aujourd'hui – il faut le dire –, personne d'autre que l'Église n'en propose une aussi splendide. Mais elle est réservée à ceux qui ont des yeux pour voir, à ceux qui ont de l'intelligence pour saisir, de la finesse pour sentir et du cœur pour aimer.

D. M. – Et les autres ?

P. A. – Hier soir, au réfectoire, nous lisions une interview de Guy Gilbert. Il a le don de parler avec franchise. Souvent, il parle avec grossièreté, mais c'est le genre qui convient à son *look* ! Des jeunes lui posent la question : « Que pensez-vous de Jean-Paul II ? Il est très critiqué. » Il répond : « Critiqué ? pourquoi ? Ah oui ! parce qu'il ne veut pas du préservatif et vous butez sur ça ! Vous vous bloquez à ça alors que Jean-Paul II a, sur l'amour, une doctrine d'une souveraine beauté ! » Et Guy Gilbert continue, décrivant le véritable amour. Aussitôt dans la salle, silence profond, écoute étonnante.

D. M. – Peut-on nier cependant qu'au cours des siècles, alors que l'influence de l'Église était forte, il n'ait existé une certaine méfiance de la femme ? Elle était considérée comme dangereuse.

P. A. – Il faut être très clair car beaucoup de bêtises sont dites. Bien sûr, il suffit de lire Jean Delumeau et d'autres écrivains pour aller dans votre sens. Mais aujourd'hui, c'est une joie de découvrir la vérité et la beauté de la doctrine catholique sur l'amour humain authentique. Vatican II a une vue positive et libératrice qui crée une lumière pour l'avenir. Quant à Jean-Paul II, il parle du mystère de l'homme et de la femme avec grande liberté, fermeté et audace. Il a une pensée très personnelle, approfondie depuis longtemps. Dans sa jeunesse, en tant qu'auteur dramatique, il s'est intéressé à la relation homme-femme avec une grande profondeur psychologique. D'ailleurs, sa formation philosophique et psychologique est très influencée par le personnalisme français.

Cependant, ce qu'enseigne l'Église du mystère de l'amour, on en fait peu de cas. On prétend que cela n'a pas d'importance. Toujours cette déviation médiatique qui n'insiste que sur le sensationnel ! Ou bien on montre les ombres plus que les lumières. Encore la déviation médiatique ! Ou bien, on y est complètement indifférent. Alors, cela vient souvent d'un manque d'information. Le péché en ce domaine est de ne pas être informé. Comment a-t-on le droit de ne pas être informé sur le mystère de la sexualité ? Étrange, cette allergie à une spiritualité conjugale toute de respect, de sagesse et de noblesse. Pis encore, et paradoxal malentendu : la pensée de l'Église qui est *pour* la femme apparaît médiatiquement *contre* elle.

D. M. – Pourquoi le message passe-t-il aussi mal ? En thérapie, quand je pense qu'une idée est bonne pour un patient et que je n'arrive pas à la faire « passer », cela signifie : ou bien qu'elle est bonne mais ma communication mauvaise, ou bien que mon idée est inadaptée parce que je ne suis pas « en phase » avec les préoccupations du patient. Si le message de l'Église passe aussi mal, c'est peut-être parce qu'elle n'est pas « en phase » avec les inquiétudes du monde actuel. Je caricature un peu, car bien souvent aussi – soyons honnêtes – le malade peut s'obstiner et « préférer » son mal à tout changement. C'est, pour nous, parfois décourageant. Pour être un bon thérapeute, il faut accepter de ne pas être capable de guérir tous les patients, malgré tous nos efforts. Le souvenir de mes échecs thérapeutiques me permet d'accorder quelques « circonstances atténuantes » à l'Église, au cas où elle et le monde se trouveraient aujourd'hui dans cette situation !

P. A. – Il y a, en fait, un tragique malentendu avec plusieurs niveaux très enchevêtrés de responsabilités. Pourtant, les documents de l'Église sont en librairie et tout le monde peut les lire. Par exemple, dans sa lettre apostolique du 15 août 1988 sur *La dignité et la vocation de la femme,* le pape dit en substance ceci, qui est magnifique : la femme, par son humanité même, est dans une égalité essentielle avec l'homme, égalité qu'elle vit dans une différence qui fait partie de son identité irréductible ; attaquer cette différence, c'est atteindre son identité ; égalité et différence permettent la réciprocité, donc la relation interpersonnelle ; la réciprocité, étant inhérente à l'humanité, fonde la responsabilité et la solidarité mutuelles ; chacun est appelé à vivre avec l'autre et à exister pour l'autre ; la vérité du *moi* est le *toi* : je ne suis *moi* que si je suis en relation avec *toi,* je ne suis moi que si j'exprime toi ; jeu relationnel équilibré et humanisant, car il exige à la fois l'égalité dans la différence et la réciprocité dans l'unité. Tel est le devenir de la personne humaine faite pour la communion.

La communion est son désir vital et total, sa faim et sa fin, son sens et sa vocation, si bien que l'être humain trouve sa plénitude dans la relation homme-femme ; cette vérité est encore plus manifeste dans l'être et l'agir de la femme : la caractéristique de sa nature est d'être faite pour aimer, elle est appelée par Dieu à recevoir et donner l'amour. Citant saint Paul, le pape conclut : « Oui, ce mystère est grand », car il fait partie de l'aventure de l'Alliance, cette passion de Dieu qui veut épouser l'humanité. De ce définitif mystère, les noces de Dieu et de l'humanité, la femme, seule, peut être le signe, la promesse et le présage.

D. M. – Au quotidien, la relation homme-femme se vit dans la relation conjugale, dans le couple qui fonde une famille. Aujourd'hui, les familles se font, se défont, se refont, se redéfont et se rerefont. Il n'existe plus un modèle univoque de famille. Les familles sont dites « éclatées, recomposées, en réseau... ». Certains y voient de graves conséquences pour le développement psychique des enfants, parce qu'ils sont ainsi privés de repères stables. D'autres affirment que les enfants peuvent, malgré tout, s'épanouir dans ce tourbillon qui leur permet aussi d'acquérir plus vite les capacités d'adaptation dont ils auront grand besoin quand ils seront devenus adultes, ce qui me laisse sceptique.

P. A. – La famille est durement affrontée aux « défis de la modernité ». Dans notre monde, au sujet de la famille, on trouve l'extrême de la misère. Y sévit le plus grave cancer qu'on n'ait jamais vu dans une société. Cette crise n'a aucun équivalent, ni dans l'histoire ni dans la géographie. Le cancer de notre société moderne est la dislocation, la rupture, le mépris et la méconnaissance de la famille. Il est très grave parce que toute la société dépend de la famille comme de sa première cellule fondamentale.

D. M. – Les familles sont les cellules constitutives du tissu social humain. Pour que le tissu soit sain, il faut qu'elles soient saines et pour qu'elles le soient, elles doivent suivre certaines lois vitales, « biologiques », qu'elles ne sont pas libres de modifier à leur convenance. Elles ne peuvent pas se développer uniquement à leur guise, ce qui irait contre leur santé et contre celle du tissu auquel elles contribuent. Or actuellement, l'anarchie et l'instabilité des unions sexuelles va proliférant... et les demandes de thérapie familiale vont augmentant. Je peux reconnaître quand une famille est en bonne santé et quand elle est en souffrance. Une famille est épanouissante quand, entre autres, chacun des membres, parents et enfants, a de l'estime pour lui-même, que la communication y est habituellement claire et directe et que les règles en vigueur sont limpides pour tous, fermes et en même temps capables d'évoluer. Dans une famille en souffrance, ces paramètres-là sont perturbés, et les crises arrivent, laissant les uns et les autres sur le bord du chemin, pleins du chagrin d'avoir échoué sur la route du bonheur.

Cependant, diagnostiquer que telle famille va bien et telle autre mal ne dit pas ce qu'est la famille, c'est seulement reconnaître l'expérience vécue de ses membres. Qu'est-ce que la famille ? Comment la définir ? Même les grandes organisations internationales qui s'en occupent (ONU, UNESCO) n'y arrivent pas, tant les modèles en sont différents. Pourtant, si on parvenait à une définition, on pourrait en déduire ses « lois biologiques » de fonctionnement et sûrement aider plus efficacement les parents et les enfants en souffrance.

P. A. – La famille est la première communauté humaine. C'est la raison pour laquelle cette question est essentielle pour l'équilibre entier de toute la société. Pour comprendre la famille, il faut partir de l'acte qui la fonde : le mariage.

D. M – De très nombreux couples ne passent plus devant monsieur le Maire pour avoir des enfants. Il est vrai aussi que beaucoup de concubins se marient après avoir eu des enfants. Que leur manquait-il ? Ils avaient tout : vie commune, enfants. Pourquoi éprouver encore ce besoin désuet de se marier, et surtout pourquoi y céder ?

P. A. – Le mariage lie l'homme et la femme dans un contrat.

D. M. – Un contrat ? C'est un peu austère et un peu juridique. Cela sent son propriétaire !... Avant le curé et le maire, vous faites passer le notaire !

P. A. – Contrat, oui mais d'un genre unique et magnifique : contrat d'amour mutuel et créatif d'une alliance interpersonnelle. Aussi, dans toutes les religions ou civilisations, un tel acte a toujours été senti comme « sacré » car il engage l'être humain dans l'expérience la plus intime et la plus vitale. Mais pour nous, chrétiens, avec Jésus, une nouveauté est advenue. En effet, il a transfiguré le contrat de mariage en cet acte du Dieu vivant qu'on appelle « sacrement ». Désormais, deux existences humaines, unies dans le « oui » de Jésus Christ, vont s'accomplir dans ce « milieu divin » d'une Alliance sans fin. Là, il faut être très réaliste, parce que l'amour, étant accueil mutuel et don réciproque, est une communion dans la différence. Tout contrat s'établit en vue d'un projet commun. De la définition du projet découle celle des droits et des devoirs des parties prenantes. Le projet ici est d'*être avec* : être avec cet homme, être avec cette femme.

Ainsi, la famille fonde la toute première communauté humaine : un milieu d'amour d'un homme et d'une femme au service de la vie, deux vies unies pour donner la vie, un « nous » de communion où l'unité se vit dans la différence accueillie. Cellule primordiale de la réalité sociale, la famille est la première valeur de la société humaine, source de sa vitalité et sens de sa destinée. Elle en est la cellule la plus naturelle et la plus indispensable. Il faut souligner avec force, surtout aujourd'hui, que la famille est une structure première : elle est antérieure à la société civile et supérieure à elle. Elle est la société première qui légitime la société civile, mais, juridiquement parlant, elle n'est pas une société parfaite. Elle devra donc être en relation avec les deux seules sociétés parfaites, Église et État, ce qui sera source de problèmes, notamment en matière éducative.

D. M. – Sociétés « parfaites », société « imparfaite » ? Je ne suis pas juriste. Pouvez-vous expliquer ?

P. A. – Par définition, une société parfaite se suffit à elle-même. Elle a tout ce qu'il lui faut. Elle a sa personnalité : elle est autonome dans son domaine. C'est le cas de l'État et de l'Église, pas de la famille. Voilà, par excellence, le premier milieu de la vie humaine pour nous apprendre précisément à vivre humainement, c'est-à-dire à vivre-avec !

D. M. – Votre vision est parfaitement cohérente et aussi parfaitement... idyllique. Si la famille était un paradis, je pourrais changer de métier !

P. A. – ... Faute de clients en psychiatrie ? Vain souci ! Non, il n'y a aucun danger de chômage sur la voie de l'humanisation, ni aujourd'hui ni demain, car vivre en humain est un rude chemin. Or, la famille est le creuset par excellence de l'art humain de vivre : apprendre à s'aimer les uns les autres, les uns par les autres. Cheminement long, ardu et humble. Alors la famille devient encore plus importante, parce qu'elle est l'école du réel : aimer n'est pas du tout-donné, cela s'apprend ; et la famille est le lieu pour cet apprentissage humble et souvent difficile. Elle est le lieu de la dynamique de l'amour vrai. Pourquoi ? Parce que l'amour a comme exigence, comme élan, la vie ! L'amour vrai vit, veut, crée la vie et la vie crie Dieu ! C'est d'une profondeur dans ses conséquences ! Si un amour est véritable, il tend toujours à créer de la vie, que ce soit de la vie charnelle, de la vie spirituelle, de la vie intellectuelle ou de la vie culturelle. L'amour est un élan vers la vie, et dans cet élan il y a Dieu. Heureusement que l'amour a sa dynamique unique.

« La famille humaine, dit Jacques Leclercq, est le reflet de la tendresse de Dieu, le lieu privilégié où le regard de Dieu et le regard de l'homme se confondent pour continuer et achever ensemble la création du monde. »

Et nous sommes face à une des urgences les plus vitales de notre temps. Aujourd'hui, la famille offre un panorama aux contrastes extrêmes : d'un côté, une immense souffrance, et de l'autre, une grande espérance pour l'avenir.

La réflexion sur la relation homme-femme nous a ainsi amenés à la cime de l'accomplissement humain. Bien sûr, le moine a son cheminement spécial, mais lui aussi selon une spiritualité dite « conjugale », car c'est une aventure d'alliance avec Dieu. Sur ce sentier, aussi malaisé qu'exigeant, aussi réaliste que passionnant, le moine s'efforce humblement de réaliser, lui aussi, l'unique vocation de l'homme : aimer en vérité.

À la veille du troisième millénaire, nous jetons un long regard prospectif sur l'horizon incertain. Dans quelle direction se fera l'évolution ? Suivra-t-elle la « voie royale » de la promotion de l'humain ? Descendra-t-elle le ravin du déclin ?

ÉPILOGUE

Dominique MEGGLÉ – Je me sens souvent démuni devant tant d'existences sans but, dans lesquelles tous les repères semblent avoir lâché et les raisons de vivre manquer atrocement. Aujourd'hui, les gens s'adressent au psychiatre et non plus au prêtre. Leur souffrance reçoit alors un nom technique, « état dépressif majeur », « dysthymie » ou « dépression névrotico-réactionnelle » ; cette « maladie » reçoit alors quasi automatiquement un « traitement » médical à base d'antidépresseurs. La boucle est bouclée. Un homme malheureux cherchait désespérément du sens, il reçoit une étiquette et une gélule. Je ne méprise pas les médicaments psychotropes et je les prescris car ils aident à passer un cap difficile, mais comment s'étonner que, si souvent, ces « dépressions » ainsi labellisées résistent ou rechutent ? Comme vous, les psychiatres « confessent » les hommes, mais quand ils parviennent à leur rendre espoir, cela tient à leur engagement personnel dans les soins, très au-delà de l'action purement technique.

Père AMÉDÉE – L'espérance est un besoin vital pour l'homme d'aujourd'hui, car elle a été attaquée d'une manière radicale par tout un courant de la pensée moderne. Il y eut le mirage marxiste d'une espérance purement terrestre, la critique corrosive de Nietzsche et l'analyse existentialiste athée. Ils ont stigmatisé notre espérance chrétienne comme un leurre décevant et cruel, une démission lâche ou même une aliénation déshumanisante.

Ces maîtres du soupçon ont laissé un si grand vide que l'homme actuel ressent un profond malaise. Comment en serait-il autrement ? Que d'hommes aujourd'hui sont sans avenir attirant, sans projet collectif motivant et sans élan créateur ! Que d'hommes aujourd'hui sont affectés de morosité, d'angoisse ou même de désespoir ! Qui peut rester insensible devant ce fait affreux : la masse des suicides ? Le suicide est le mal navrant de nos sociétés.

D. M. – L'homme actuel a besoin de retrouver des raisons d'espérer. Cependant, si la religion classique intéressait nos contemporains, ils iraient vous voir plus souvent et déserteraient nos cabinets, ce qui n'est pas le cas. Pourtant, l'au-delà les préoccupe avec une acuité étonnante. Partout, on parle de communication avec les esprits, de réincarnation, de voyages astraux, d'expériences aux frontières de la mort... Notre époque si rationnelle est fascinée par ces croyances. Ces faits en disent long sur certaines angoisses actuelles. Comment alors y répondre ?

P. A. – Il faut tout faire pour que nos contemporains *gardent cœur* ! Voilà mon remède. Le cœur est le point le plus vital et le plus crucial. Qui perd cœur peut en être affecté jusqu'en son corps, jusqu'en sa santé. Dans la revue *Terre sainte,* publiée à Jérusalem, vient d'être rapporté le travail d'une équipe de chercheurs de l'université Ibrahim. Ils ont fait une enquête sur l'influence des croyances religieuses sur la santé. Ils ont étudié 500 personnes, hommes et femmes. Ils concluent que les probabilités de décès par crise cardiaque sont 2 à 6 fois plus élevées chez les hommes sans religiosité que chez les hommes religieux. En ce qui concerne les femmes, les probabilités sont 20 fois plus importantes !

D. M. – Tous les travaux expérimentaux dont j'ai connaissance convergent vers le même résultat. À l'université de New York, Vitz et ses collaborateurs ont récapitulé les études comparant survenue/non-survenue de maladies et pratique religieuse. Ils ne s'intéressaient pas seulement aux troubles cardiaques, mais à la fréquence de survenue des maladies en général. Les critères pour définir le pratiquant religieux étaient précis, par exemple l'assistance à la messe dominicale. Statistiquement, bien qu'il faille être prudent quant à la possibilité de biais méthodologiques dans ces études, il semble que plus les gens sont engagés activement dans la religion, moins ils risquent d'être malades. Ce résultat n'a de valeur que statistique, mais il a toute cette valeur, ce qui n'est pas rien.

On peut faire l'hypothèse que le mode de vie des personnes religieuses, leurs prières quotidiennes et leur foi en Dieu sont pour eux une source d'espérance qui rend plus improbables les craintes et le désespoir, donc par conséquent le danger d'être victimes d'une crise cardiaque, de maladies organiques liées au stress ou de dépression. Dans la religion, si elle est vraiment vécue, l'homme trouve un appui et une protection, au moins relative, pour sa santé.

P. A. – Yermi Cercak, le directeur de l'enquête de Jérusalem, dit que « les gens religieux trouvent plus de soutien social et familial, ils ont moins de tensions à subir et ils surmontent le problème de la mort avec plus d'aisance que les non-religieux ». À mon sens, le point d'appui le plus solide pour l'homme se trouve dans le réel éternel, c'est-à-dire dans la certitude que Dieu est, qu'il est l'Amour, qu'il s'est fait homme et que Jésus de Nazareth est toujours vivant parmi nous et nous entraîne à sa suite !

D. M. – N'est-ce pas un beau rêve de plus, comme les hommes en ont déjà eu tant, avec tant de réveils pénibles ?

P. A. – Si cette vue était utopique, idéaliste ou imaginaire, il serait grand temps, à plus de 80 ans, que je me réveille, me méfie enfin de l'imaginaire, délaisse l'utopique et sorte de l'irréel ! Mais voilà, je suis dans le réel le plus réel qui soit. En effet, si l'espérance n'était qu'une petite fleur bleue, amusante et fragile, il y a longtemps qu'elle aurait péri en moi, flétrie sous le vent âcre de la vie et brisée sous le poids du quotidien pur et dur !

D. M. – Si l'homme perd tout espoir, il « ne tourne plus rond » et doit consulter un psychiatre ; cela signifie que l'espoir est indispensable à un fonctionnement psychologique sain, et que sans lui le psychisme se dérègle. L'homme est normalement tendu vers un « à-venir ».

P. A. – Tout homme qui espère est un homme vivant. Son existence réelle ne peut être que tissée d'espoir et l'espérance chrétienne s'insinue à l'intérieur même de cette trame existentielle. Heureux l'homme qui a des ailes fermes et souples ! les ailes de la confiance et du désir ! Malheureusement en notre humaine structure, le point d'attache des ailes est le point le plus vulnérable. Qui garantira la fermeté de cette suture si névralgique ?

D. M. – Chez certains, le temps qui passe renforce l'espérance, et chez les autres – ils sont peut-être la majorité –, il la fragilise ou même l'anéantit. Un sinistre proverbe polonais dit que la vie est comme un oignon : plus on l'épluche, plus on pleure.

P. A. – Le temps est indispensable à l'aventure. L'espérance chrétienne vit du temps, mais d'un temps fléché, aimanté par la promesse donnée par Dieu. Il est également éprouvant, car l'espérance doit durer par tous les temps : elle doit s'obstiner dans l'élan, tenir jusqu'à la mort et réussir le passage dans l'au-delà...

Mais en attendant, vive la joie des recommencements ! *Re, re* et *re* ! Re-commence, re-commence ! Cette tactique très réaliste est, pour moi, la seule efficace. Si tu es las, ne reste pas abattu et inerte, recommence ! Si tu es sans élan, lourd et gourd, lève-toi et recommence ! Si tu es pauvre et faible, ne te chagrine pas, recommence ! Si tu te surprends à gémir « à quoi bon ? », secoue-toi, recommence ! Progresser, c'est recommencer. Chaque recommencement est absolument inédit et neuf, si bien que je peux dire avec beaucoup plus de vérité : *Chaque matin, je commence !* Chaque recommencement est un vrai commencement. Tout est nouveau chaque matin, mais c'est une lutte. Joie de l'espérance qui nous fait aller de renaissance en renaissance ! Jean Sulivan, l'écrivain breton, dit avec humour : « Le but de la vie, au fur et à mesure qu'elle se prolonge, c'est de rajeunir ! »

D. M. – L'espérance vous fait vibrer et, psychologiquement, vous la vivez comme une grande confiance.

P. A. – J'insiste sur la confiance comme Thérèse de Lisieux qui disait : « Tout tient à la confiance, nous obtenons autant que nous espérons. » Quand la confiance règne, pas de vrai problème qui soit sans solution ! Si la confiance manque, alors tout fait problème et qui plus est, ces problèmes sont faux !

D. M. – Peut-on jouir, en son for intérieur, de cette joie pendant que, dans le monde, il y a tant de malheurs et de vilenies ?

P. A. – Cette joie est spéciale. Elle est une joie des profondeurs. Au lieu de m'appuyer sur moi, au lieu d'être victime de mes représentations, images, craintes, doutes et angoisses, je pose un acte d'espérance. Il garde mon cœur, au plus profond, dans la sérénité et la paix.

Des hommes, même cruellement éprouvés, ressentent en leur cœur une « certaine joie » qui vient d'ailleurs. Dietrich Bonhöffer, emprisonné par les nazis, demeure animé d'espérance jusqu'à sa mort (il sera pendu le 9 avril 1945). « Dans son essence, écrivait-il, l'optimisme n'est pas une manière de voir la situation présente, mais une force vitale, la force de l'espoir. » Là où d'autres se seraient résignés, il a osé tenir la tête haute. Lorsque tout semblait échouer, il a eu l'énergie pour supporter les revers, ne pas abandonner l'avenir à l'adversaire, mais le revendiquer pour soi.

Que personne ne méprise l'optimisme en tant que volonté d'avenir, même s'il se trompe cent fois ! L'amour aura le dernier mot.

Remerciements

Nous tenons à remercier tous ceux qui nous ont aidés de leur soutien, de leurs conseils et de leurs corrections dans l'élaboration de ce travail, particulièrement Alain et Danielle Noël, Colette Sogno, Dom Chauveau *osb,* les P.P. Michel Cancouët et Hippolyte Simon, Jean-Marie et Anouk Meyer, Isabelle Clavère, Vincent Megglé.

Table des matières

*Cet ouvrage
a été reproduit
et achevé d'imprimer
sur Roto-Page
en février 1997
par l'Imprimerie Floch
53100 — Mayenne.*

---

*Dépôt légal : septembre 1995.
Nº d'imprimeur : 40962.
Nº d'éditeur : 2816.
Imprimé en France.*